国家“十五”重点出版工程项目

教育大百科全书

学前教育

[美]L.G.卡茨　主编
刘　焱　译审

INTERNATIONAL ENCYCLOPEDIA OF EDUCATION

西南师范大学出版社

图书在版编目(CIP)数据

学前教育/(美)卡茨主编;刘焱等译. —重庆:西南师范大学出版社,2011.4

(教育大百科全书/(瑞典)胡森,(德)波斯尔斯韦特主编

ISBN 978-7-5621-3837-2

Ⅰ.①学… Ⅱ.①卡… ②刘… Ⅲ.①学前教育 Ⅳ.①G61

中国版本图书馆 CIP 数据核字(2011)第 059690 号

学前教育

主　　编:[美] L. G. 卡茨
译　　审:刘焱等
责任编辑:周安平　李远毅等
责任印制:钟孝钢
出版发行:西南师范大学出版社
　　　　　(重庆·北碚　邮编:400715)
网　　址:www. xscbs. com
印　　刷:重庆市联谊印务有限公司
开　　本:787mm×1092mm　1/16
印　　张:6. 75
字　　数:175 千字
版　　次:2011 年 4 月第一版
印　　次:2011 年 4 月第一次印刷
书　　号:ISBN 978-7-5621-3837-2
定　　价:16. 00 元

《教育大百科全书》学术指导委员会

《教育大百科全书》编译委员会

名　誉　主　任：周远清　原教育部副部长
　　　　　　　　　　　　中国高等教育学会会长
编译委员会主任：章新胜　原教育部副部长
　　　　　　　　　　　　中国教育国际交流协会会长

编译委员会委员：黄　尧　国务院参事、原教育部副总督学
　　　　　　　　孙霄兵　教育部政策研究与法制建设司司长
　　　　　　　　张尧学　教育部学位管理与研究生教育司司长
　　　　　　　　管培俊　教育部人事司司长
　　　　　　　　杨　光　教育部社会科学司司长
　　　　　　　　姜沛民　北京市教委主任、原教育部基础教育司司长
　　　　　　　　赵书生　中国高等教育学会副会长
　　　　　　　　黄蓉生　西南大学党委书记
　　　　　　　　张卫国　西南大学校长

总译审：张斌贤　北京师范大学教育学院院长
　　　　石中英　北京师范大学研究生院副院长

《教育大百科全书》编辑出版委员会

凡 例

一、中外文

1. 本书中文采用1986年10月10日经国务院批准、国家语言文字工作委员会重新公布的《简化字总表》中所规定的简化字。

2. 词条英文标题及附录中的外文的拼写、顺序、大小写、括号、标点和版式等均根据原书相应排列。

二、专题

3. 原书所有词条按英文字母顺序排列分卷,本书另以原书专题索引为参考,按专题归类。

4. 每个专题按相应内容范畴细分若干小节,每小节按原书英文顺序排列。

三、附录

5. 词条中所引用参考文献以附录形式出现于该词条中文部分之后,并以原书版式排版,相应正文中以圆括号简单标注作者、年份及页码,或只标注年份或页码。

如:(Anderson 1961 P. 125);(Adams 1956, Bloom 1953)

四、译文

6. 词条原文中的"/"同时有"和"、"或"的意思,译文中均予以保留,不另作他译。

如:她/他　教/学　教师/家长

7. 计量单位从原书,英制、公制均照译,原则上不另行换算。

8. 所有译者注以括号形式随正文编排。

9. 所有正文词条标题按中文标题在前、外文标题在后的次序排列。

五、译名

10. 外国人名根据新华社译名室编辑的《世界人名翻译大辞典》进行翻译,著名外国人名则采取“名从主人、约定俗成”的原则，各学科中已有定译的外国人名采取“名从主科、遵从定译”的原则。

11. 作者名及译者名出现在每个词条中文部分之后，并且作者名都给出相应原文。每个专题的译审者名只出现在该专题扉页上，不另于每个词条后标注。

12. 一般外国译名只在第一次出现时给出原文，其他个别著名人物直接译成中文。

如：亚当斯（Adams）；亚当·斯密

13. 外文人名一般只译出其姓，部分宗教人物、封有爵位的人物译出尊称“圣”或爵位名称。

14. 涉及日本及中国学者的人名时，前者以《日本姓名译名手册》（科学技术文献出版社）为主，后者以核实真人姓名为主。

如：《中华人民共和国的教育制度》的作者 Teng Teng 为滕藤

15. 外国地名根据中国地名委员会审订的《世界地名录》统一；该书未收的地名，根据通用的译名表译出；非英语国家的生僻地名则保留了原文未译。

16. 学术著作、机构团体、杂志名参照专业工具书及通用译名统一。

17. 正文括号中涉及某人的生卒年，其英文原文与生卒年之间用逗号隔开，以便与附录所引用的人名年份区分。

如：葛兰西（Gramsci，1891～1937）

六、图表

18. 词条中相关的图表来源一般根据原文注明作者、年份及页码，以便于读者查阅相关资料。

序

周远清

在当前建设小康社会的征途中，教育事业具有基础性、全局性和前瞻性的地位，关系到国民素质的提高，关系到科学技术的进步，关系到数以千万计的专门人才和大批创新人才的培养。因此，我们必须下大力气把教育事业搞好，根据经济社会发展和人的全面发展提出的客观要求，进一步解放思想，实事求是，与时俱进，在确保教育质量的前提下，继续深化教育改革，大力开展教育创新，努力形成一个比较完善的既能反映先进生产力和先进文化发展要求，又能满足广大人民群众教育需求的新型现代国民教育体系。

要建立这样一个新型的现代国民教育体系，是一个长期而艰巨的任务，不可能一蹴而就。因此，我们既应该有远大的理想，也应该有脚踏实地的精神；既要有历史的责任感，也应该有实事求是的科学态度。就当前我们的工作来说，各级各类的教育行政和科研部门，都要大兴调查研究之风，到教育实践第一线去，真正搞清楚我国国民教育体系的现状，分析哪些方面是有优势的，哪些方面已经与经济社会发展和广大人民群众的要求不相一致，因而是需要花费时间、精力和财力去改革的，还有哪些方面是原有的国民教育体系中根本没有，以至于需要我们充分地发挥教育创新精神研究部署的。到教育实践第一线去，也有助于我们切实和广泛地了解广大的教育实际工作者一些富有创造性的工作，收集和整理他们结合实际情况进行教育教学改革的经验，从而为我们的教育决策和科学研究提供大量翔实可靠的第一手材料。

要建立这样一个新型的现代国民教育体系，不大力发展教育科学事业是不行的。现代教育实践与任何其他的现代社会实践一样，既要合目的性，也要合规律性，是目的性与规律性相统一的实践活动。要想达成良好的教育目的，不讲教育科学是不行的。国内外教育实践的历史已经证明，教育实践的规模与范围越大，教育科学的重要性就越突出。因此，大力发展教育科学事业，在今天比在以往任何时候都急迫，反映了不断深化和教育改革与创新的客观需要。发展教育科学事业，需要各方面的条件和努力。在当前，特别要提倡马克思主义理论联系实际的学风，认真研究新时期有中国特色的社会主义现代化建设以及国际政治、经济与文化发展的新趋势给教育工作带来的新情况、新问题和新挑战，围绕着教育改革和创新过程中出现的又是人民群众最关心的那些基本问题和重大问题，组织攻关，协同研究，推动教育理论创新，为政府决策服务，为教育实践服务，为学生的全面发展服务。

要建立这样一个新型的现代国民教育体系，光靠我们自己的摸索是不够的，还应该在邓小平同志“三个面向”精神的指导下，学习和借鉴国际上一切先进的教育经验、理论和制度，把握并反映国际上教育改革与创新的一些共同特征，并由此探索出一条有中国特色的社会主义教育改革和创新之路。在这方面，我们既有宝贵的历史经验，也有一些值得反思和吸取的教训。回顾20世纪历史上历次大的教育变革，绝大部分都与对当时国际上先进的教育经验、理论和制度的学习有关。甚至可以说，没有这种对国际上先进教育经验、理论和制度的虚心学习，就没有清末民初中国现代教育制度的建立。但是，百余年来，我们在学习国际上先进教育经验、理论和制度时，也经常犯一些简单化的或囫囵吞枣的毛病，给教育实践带来了许多消极的后果。因此，学习国际上一切先进的教育经验、理论和制度，必须坚持“洋为中用”的原则，从中国的传统和现实出发，对它们进行辩证的分析和科学的批判，从而最大限度地有利于我国的教育改革和创新事业。

《教育大百科全书》的英文版，由联合国教科文组织、国际教育研究院组织当今世界教育界各学科的专家撰写，内容涵盖与教育相关的所有领域，将其译介成中文，可以说是中国教育界的一个福音，对于教育决策者、教育研究者以及教育管理者，该书都是一部具有重要价值的参考书。

欣闻《教育大百科全书》中文版即将出版，是为序。

中文版前言

教育是人类通过正式课堂和日常生活以获得知识、人生观和生存技能的一种历程。其意义在于通过传递历史的累积经验，既能为社会培养有效率的人群，又能为个人启智育能，使之具备新的创造力。

根据世界文明史的考察，人类的正式教育始于中国、印度和古希腊，去今约有2 300年的历史。但把教育作为一个独立的学科来进行研究，大抵还是19世纪以来的事情。应该说，这门学科被公众认可的历史远远晚于其他人文社会科学。但自公共学校普及以来，教育领域的各项研究皆取得了长足的发展，且愈来愈国际化，一些重要的研究成果为人类所普遍认同。尤其20世纪以来，各国综合国力的竞争，本质上可以说是教育的竞争。因此，各国政府对教育的重视程度、投入水平和成果质量，也基本成了衡量其现代化和文明化程度的标准之一。

各国文化传统、政治制度和经济状况的不同，反映在教育和教育研究领域是各具特色的。近20年来，随着全球化进程的加速，教育作为一个普世的主题，越来越多地受到各国政府和学界的重视。国际间的教育合作也日趋增加，各国民众和教育界人士希望了解全世界教育和教育研究现状的要求也愈趋迫切。正是在这一背景下，应联合国教科文组织的倡议，欧洲著名的教育出版集团——爱思唯尔科学出版集团(Elsevier Science Limited)，在1985年首次编辑出版了这套《教育大百科全书》，并于20世纪90年代中后期全面修订(90%的词条重新撰写)再版了本套巨著。

这是目前世界上关于教育科学领域最权威也最具实用价值的一部具有理论性、学术性、工具性的全书。本套书几乎囊括了教育的所有课题，所有编委成员均由联合国教科文组织、国际教育研究院、国际教育评价协会和世界银行等权威机构推选，其条目由来自90多个国家和地区的1 000多位具有国际视野的教育专家用英语撰写。将这样一套涵盖了世界各种教育思想、理论、制度和方法，长达1 000多万字的教育百科全书译介到中国，对于我国各级各类教育管理者、教育工作者和教育理论研究者，无疑是一个福音。它有利于我们了解各国教育现状，借鉴世界先进的教育思想与体制，促进与深化我国的教育改革，从而使我国在21世纪步入世界教育强国之林。

正是基于此，西南师范大学出版社和海南出版社联合购进了本套书的中文版权，并被国家新闻出版总署列为国家“十五”重点出版工程。为作好本套书的编译工作，由教育部的相关领导及部分专家组成编译委员会，并邀请全国著名的教育学专家成立了本套书的学术指导委员会。由以北京师范大学教育学院专家为主的100多位本学科中坚学者组成了编译专家组，用长达四年多的时间完成了本书的翻译、审定和编校工作。为作好本书的出版工作，还由教育出版界的著名专家组成了编辑出版委员会。为了方便读者购买和阅读，我们将《教育大百科全书》的22个专题分册出版。在本书即将付梓行世之际，谨向所有关心、支持和参与本书编译出版的领导和专家学者表示诚挚的感谢。

本套书的英文版名为 *The International Encyclopedia of Educaiton*，为避免中文版读者将“国际教育”理解为狭义的“比较教育”与“各国教育概况”，在中文版的书名中去掉了“国际”一词。需要说明的是，作为教育学的经典工具书，本套书无论是作者国籍之多、资历之深，还是学科之广、理论之精、前沿学术之新，均为当世仅见，堪称一部国际性或世界性的教育百科全书。故在编译过程中，难免存在不妥之处，尚祈方家和读者垂教。

西南师范大学出版社

英文版前言

十卷本的《教育大百科全书:探索与研究》(International Encyclopedia of Education: Research and Studies)(以下简称《全书》)的第一版是于1980年规划、1985年出版的,其中的大部分词条撰写于1981年和1982年。它还吸纳了社会科学和人文学科中与教育问题相关的学术成果,为研究教育和从事教育事业的人士提供了丰富的信息。该书面世后,得到了教育学界的广泛好评,并且被美国图书馆协会授予了最佳参考书奖。另外,它还被《选择》杂志评选为1987年"杰出学术书籍"。

所有的人类知识领域中的学术信息永远都处在不断的流变之中。教育的实践,不仅因为立法改革之故而发生变化,而且亦因为要适应新的社会呼声、社会需求以及不同国家的不同经济状况而不断发生变化。理论正被不断地修正,新概念则层出不穷。林林总总的各类作品则伴随着或者紧跟着这些变化纷至沓来。实际上,教育领域及相关领域的学术作品可谓卷帙浩繁,完全可以与自然科学和技术领域相媲美。

教育的各个领域所发生的这种急剧的变化,于1989年和1990年先后催生了《全书》的两个增补卷。由于同样的原因,出版商和主编们都确信,现在是出版一个全新版本的《全书》的时候了。他们的这个想法,得到了《全书》第二版的编辑委员会的肯定。因此,编辑们就决定开始着手编纂《全书》的这一最新版。在少数情况下,本版只是对第一版及其增补卷中的词条进行了更新。然而,在绝大多数情况下,本版使用的都是全新的词条(90%的词条重新撰写)。

每一个主题领域,知识体系都被重新组织安排,并且特别注意了读者在第一版及其增补卷中找不到的主题。教育学的主要领域,比如教育社会学、教育哲学、教育人类学、女性教育以及著名历史人物对教育思想的贡献,都被赋予了更为显著的地位,而且都占据了相当的篇幅。

1. 作为探索、研究和对话领域的教育

《教育大百科全书》是向人们展示国际学术界对教育问题、理论、实践和制度的研究成果的最新全貌的第一次描述。因此,将教育定义为一个有关探索、研究和对话的领域,这是至关重要的。劳伦斯·A. 克雷明(Lawrence A Cremin)在他的著作《公共教育》中,将教育定义为"传播、激发或者习得知识、态度、价值观、技能和情感的有意识的、系统的且持续的努力,以及此种努力所带来的任何预料中的或者预料外的学识"。这是一个非常宽泛的定义,它将自学包括在内了。克雷明里程碑式的三卷本著作《美国教育》的一位评论家提出了这样一个问题:对教育的定义如此宽泛,难道不是几乎等同于人类学家所称的"同化"或者社会学家所称的"社会化"了吗? 在那本有关公共教育的著作中,克雷明本人完全否认了这种说法,并坚持认为他提出的教育的概念要比这狭窄得多。然而,即使认同这个非常宽泛的对教育的定义,从具体的层面上来讲,"教育"到底指的是什么? 它远非仅指学校以及类似的制度的功能,它是代际间的。儿童和青少年从比他们年长的人、父母以及其他人那里得到教育。父母、兄弟姐妹、同伴和朋友以及教堂、博物馆、图书馆、民间运动、广播和电视网络都是影响儿童和青少年的因素。就像学校一样,它们是按照自己的"课程"来行事的。

因此,"教育"指的是有意识地、有目的地影响或塑造儿童、青少年以及成人的行为的一门艺术(成人教育本身最近已经获得了独立的实践与研究领域地位)。从事教育者,比如父母、老师和其他负有教育责任的人,利用了观念、理论以及以研

究为基础的知识。教育理论研究的是抚养和教育其他人以及如何在一个政治的、社会的、历史的视角中塑造其他人的行为的问题。因此,父母以及老师的教育实践就包含了各种理论洞见和以前的经验之间的整合。这些洞见来自各种学科。

教育理论并不同于诸如物理学这样的一元性的、界定分明的领域。它具有多个学科维度。在法语中,教育理论被称为 sciences pédagogiques。这一术语就暗示着,教育理论包含着源自多个(已确立的)学科的知识。在德语以及斯堪的纳维亚诸语言中,Pädagogik 的含义比英语中的"Education"的含义的范围要狭窄一些。它更具体地指向学校教育,这一含义被如下事实进一步强化了:大学中的教育(Pädagogik)教席设立的目的,就是为了培训学校教师。然而,随着 Pädagoische Hochschulen(大学教育)逐步融入德国的大学,这个领域获得了一个新名称 Erziehungswissenschsften(亦即教育学),这一术语包含教育理论和教育方法。

因此,教育作为一个有关抚育和教育他人的研究领域,就是一个多学科的领域。自 19 世纪末以来,教育方面的学术知识,在很大程度上,是由心理学的经验研究生产出来的。在 20 世纪早期的德国,experimentelle Pädagogik(实验教育学)、experimentelle Psychologie(实验心理学)是同义的。在 20 世纪 90 年代早期,范围广阔的社会科学和人文科学学科构成了教育学的知识"基础":心理学、社会学、历史学、哲学、经济学、人类学和政治学。

严格的教育和一般意义上的行为矫正之间的界限是难以划定的。下面这个类比清楚地说明了这一点:对某个神经官能症患者进行治疗并对之进行训练,和对这个患者进行教育的行为之间,到底有何区别,是难以捉摸的。区分它们的标准之一是——尽管这个标准要应用起来是很困难的——"治疗"的目的(前者是为了让患者恢复某些能力,后者是为了让患者恢复精神健康)。

因此,最广义的教育,就是一个由与抚养和教育他人有关的所有现实问题构成的宽泛的领域。抚养和教育可以是正式的,比如学校教育就是如此;也可以是非正式的,比如大部分情况下在职学习就是如此。发生在家庭中或者同年龄群体间的教养就是非正式的。正如在所有重要的人类事业中一样,教育可从与其目的、过程或者结果有关的学术研究中获益。教育的目的、过程或者结果这些问题,可以由与它们有密切联系的理论研究来解决。然而,在实际的"工程设计"中,教育工作者必须利用其他领域中发展出来的概念、方法和主题,因为这些领域包含着更为定形的有关人类的知识。因此,作为一个研究和实践的领域的教育,就处在许多已经成熟的学科的交叉路口上。

克雷明曾论及"教育的生态环境",它指的是由社会中的教育机构和教育所赖以运作的社会文化及经济制度所构成的一个综合体系。同时,教育理论不是一元的,也不是界定清晰的,它有着多种学科维度。的确,正如上文所言,范围广阔的社会科学和人文学科构成了教育学的知识"基础":它们是心理学、社会学、历史学、哲学、经济学、人类学和政治学。

因此,《全书》中的教育,不仅包含从学前教育到成人教育与工作教育的正式的和非正式的实践,而且也包括与教育有关的学术学科中的知识。这一多样性使得规划一个试图包含这个领域中的所有研究和探索的大百科全书的工作,成为一项高度复杂的事业,根本无法在理论和实践之间或者学术探索及其应用之间,划出什么明晰的界限。

这里,"教育"领域被划分成许多"次级领域"。每一次级领域下都有相应的词条。其中的主要领域如下:

——成人教育
——教育人类学
——比较教育与国际教育
——课程
——教育经济学
——教育管理
——教育评价
——特殊需要儿童教育
——教育政策与规划

——教育研究方法
——教育技术
——女性与教育
——教育史
——人的发展
——教育心理学
——各国(地区)教育制度
——教育哲学
——学前教育
——教育社会学
——教师教育
——教学
——职业技术教育

2. 关于书名中的"国际"

将本书称为"国际"(英文版书名冠以 International,即"国际"一词,为避免中文版读者将"国际教育"理解为狭义上的"比较教育"与"各国教育概况",在中文版的书名中去掉了"国际"二字,以彰显该书的普适性——出版者注)大百科全书意味着,其中的词条对许多国家都具有参考价值。我们竭尽全力,力图让每个词条所叙述的主题都包含着当今的最新信息,并力争(除了其他标准以外)依据相关人士在相关问题上所具有的"世界性"知识的水平来选择作者。然而,这一大百科全书所提供的参考书的广度和多样性是有一定局限性的。首先,没有哪个人能够了解整个世界在某个特定领域中所取得的全部进展。其次,这一大百科全书是以英文出版的,这样做是为了让它拥有广泛的读者群。这要求作者必须以英语写作,但这确实可能导致这样的情况发生:某些作者尽管在他们的相关领域卓著不凡,而且知悉以他们的母语发表的学术著作,但却对以其他语言发表的某些学术研究不甚了了。事实是,经验研究成果之中有超过 80% 的部分是以英文发表的,而且大体上也都是在讲英语的国家(特别是美国)完成的。《全书》体现了这一状况。

尽管如此,全书中 1 262 个词条的作者来自 95 个以上的国家和地区。荣誉编辑顾问委员会力促全书的作者结构达致一种均衡。我们联系了诸如联合国教科文组织(特别是其下的国际教育规划协会)、经济合作与发展组织、世界银行和国际教育成就评价协会等国际性组织,让它们帮着挑选具有国际视野的作者。而且,全书还特别注意将发展中国家特别关心的词条包括进来。那些关于教育政策与规划、教育经济学、职业技术教育和比较教育学的词条,清楚地体现了这一点。

3. 全书的编纂过程

1990 年做出推出全新版本的《全书》的决定之后,两位主编随即任命了 22 个栏目编辑,并要求这些编辑提交他们打算在他们负责的部分中纳入哪些词条,并同时推荐相关词条的作者。1991 年 2 月,由责任编辑、主编和出版商代表组成的联合会议,审议并修改了这些词条清单。此次会议之后,责任编辑们就开始要求作者撰写相应的词条。作者撰写的词条提交上来之后,马上就由责任编辑评审,随后再提交给两位主编审议。有时候,某些词条没有获得通过,或者未能及时提交上来,就必须寻找新的作者。当编辑们对词条中的内容及其国际性没有把握的时候,就邀请外部评议人提出意见。一旦一个词条被两位主编通过,就马上被转到格伦达·克肖(Glenda Kershaw)那里,她领导的、位于普格曼(Pergamon)的编辑人员,马上就进行最后的审稿工作(这包括校正参考文献和索引),之后再将之交付排版和印刷。

我们利用了最新的计算机生产技术来编纂《全书》的第二版。与以前可能使用的传统编辑和排版技术相比,这次的速度和准确性都大为提高了。索引软件的使用,使得编辑人员能够在编辑过程中的任何阶段,完全控制那些复杂的索引。插图则是利用计算机设计技术制作的,这使得它们获得了高度的标准化和准确性。最后,整部《全书》的文字和插图都被记录在一个数字文件中,这样一来,其中的任何部分都可以被修改、摘取或者转化成多种媒体格式。

4. 全书的结构

要安排这一被称作“教育学”的知识体系的结构确非易事，因为这一知识体系源于许多学科。我们面临的最基本选择是，要么以学科为单位，围绕几个主题将相关词条组织成一个综合性的专题，要么让词条变得相对短小一些，以字母顺序来排列。这两种形式没有哪种是理想的。将词条组织成综合性的专题的优点是，某个领域（例如“课程”）的所有信息构成了一个整体。其缺点是，某些具体的次级领域就无法作为适当的话题而得到其应得的篇幅。而且，由于某些话题与多个专题相关，因此，不论将相关话题划分到哪个专题之下，都显得有些武断。经过大量讨论之后，最终决定按照字母顺序组织各个独立的词条，同时在相关词条之间安排交叉索引。这样一种形式使得人们能够迅速查找到教育学中的典型主题和话题。这一安排使得这一点显得尤为重要：让按照字母顺序排列的词条的内容相对详尽一些，具体安排是让每个词条平均长约4 000 个单词。同时，这还使得主题索引变得更为重要：实际上，主题索引成为全书的关键点之一。

成人教育的 135 个词条是由责任编辑阿尔伯特·图季曼（Albert Tuijnman）负责的，他担任责任编辑时，正任教于荷兰的图文特大学（University of Twente），并且自 1992 年中期以来一直在经济合作与发展组织中任职。

自《全书》第一版发表以来的十年之中，成人教育已经发生了许多变化。不仅其投入和参与度在全球范围内都提高了，而且这一领域本身也已经成熟起来。随着 20 世纪接近尾声，职业教育的重要性已经大幅提高了，而且带来了许多新的成人教育研究论题。这些变化必须反映在“成人教育”这一部分的组织结构中。

该部分的词条不仅涵盖了这一领域中的重要概念和定义，而且是从学科视角来体现其发展的。它们覆盖了世界上所有地区内的成人教育和职业教育的筹资和组织问题。同时还讨论了成人教育的主要提供者以及接受成人教育的主要人群，描述了地区性的、全国性的以及国际性的成人教育政策及项目。另外，还特别对终身发展、认知、成人学习及成人教育的理论和方法给予了相当的关注。而且，相关词条还涉及了成人教育的评价和研究方法问题，以及成人识字率的测算和继续教育的问题。由于原来被认为是相互独立的理论和实践的不断融合，以下两个方面已经得到了越来越多的关注：成人的通才教育和职业教育。

教育人类学这一部分则是由约翰·U. 奥布（John U Ogbu）负责的，他任职于美国加利福尼亚大学伯克利分校的人类学系。该部分的词条主要集中在教育人类学的历史和性质、方法和概念以及实质性问题这三个主要方面上。关于教育人类学的历史的词条，解释了这一新兴领域在人类学中的兴起及其性质，以及其在教育学中日益扩大的存在与影响。任何一个新兴的次级领域所面临的挑战之一都是，发展出一个适当的方法及概念框架，以让这一领域的知识能够为改善教育而服务。那些有关实质性问题的词条则丰富了这方面的研究。

比较教育与国际教育部分则是由唐·亚当斯（Don Adams）负责的，他任职于美国匹兹堡大学的教育学院。这部分的词条涵盖了大量的历史和当代问题，并集中在三个主要方面上：界定了比较教育研究和国际教育研究的概念、方法及资料源；职业组织、政府组织和政府间组织开展的比较教育活动和国际教育活动；对与特定教育水平或功能相关的问题和趋势进行的比较分析。比较教育学和国际教育学可以看作是一个全球性的新兴领域，它获得了学术界及职业界的普遍关注，并且利用了教育学和社会科学中的理论及方法。

课程部分则是由阿瑞亚·莱维（Arieh Lewy）教授负责的，他任教于以色列的特拉维夫大学。正如《全书》第一版一样，这一部分的词条包括两个类别。第一个类别的词条，讨论的是与课程安排、课程理论的最新发展、课程研究的创造性方法以及对安排学校课程的方法的评价等方面有关的一般性问题。在这一类别的词条下，给课程评估安排了整整一小节，这一小节特别强调了质量评估问题和对计算机软件的评估问题。

“课程”部分的第二个类别的词条，讨论了各个科目的具体发展和研究。这些词条是按照学校讲授的传统科目组织起来的：母语、外语、人文学科、艺术、社会科学、数学和科学（包括技术）。此外，有一组词条还讨论了学校讲授的生存技能，比如安全教育、家庭教育、保健教育和人生教育等。

教育经济学部分则是由马丁·卡诺依（Martin Carnoy）和亨利·M.莱文（Henry M Levin）负责，二人都是美国斯坦福大学的"教育和经济学"教授。这部分的词条主要集中在教育经济学的三个主要方面：对教育进行投资时应当采取什么样的标准，以及此种投资的回报是什么？组织和生产教育的最有效方式有哪些？应当如何为教育筹措资金？

每个社会及每个个人或者家庭必须决定，应将自己的资源中的多少投入到教育上，以及投入到哪种类型的教育上。有关这个问题的词条探讨了发展中国家和发达国家中不同层次与不同类别的教育的经济回报和社会回报问题。有关教育生产的效率的词条，讨论了学校规模、学校和教育部门的组织及不同的激励计划对教育结果的影响等问题。有关应如何筹措教育资金的词条，则探讨了公共筹资和私人筹资的问题、教育的税收来源问题、政府间责任问题以及对诸如优惠券这样的市场策略的利用问题。

教育管理部分是由威廉·洛·博伊德（William Lowe Boyd）负责的，他任教于美国宾夕法尼亚州立大学的教育学院。这个专题下的词条是围绕着以下四个研究主题组织的：教育管理的理论和实践、学校的绩效及其改进、教育的管理和政策以及教育管理中的服务、任务和问题。

许多词条都有一个共同的主题：在这个社会变化日趋复杂、社会进展日益加速的时代，教育管理者如何应对人们对学校运作的效果和效率提出的更高要求。世界经济的不断重组，以及世界经济的相互间的依赖和竞争的不断加大，已经使得教育及国家劳动力的水平成为生死攸关的问题。与此同时，许多国家的政府体系和教育体系的效率，正经历着一场信心危机。结果是，政府体系和教育体系的重组和"再造"成为20世纪90年代的一个显著特征。由于同时期出现的要求学校消除它们在对待和服务各种社会弱势人群方面的不足之处的压力之故，这些雄心勃勃的计划变得更加复杂棘手了。所有这些情况造成的最终结果是，人们开始对教育政策和教育管理的方法重新思考。

教育评价部分是由位于美国芝加哥的伊利诺伊大学的赫伯特·J.沃尔博格（Herbert J Walberg）负责编辑的。这部分的词条关注的是教育评价的理论、方法及实践。这些词条表明，教育评价涉及从为评价学生而进行的信息收集到收集资料以对国家教育体系进行比较等方方面面的内容。教育评价关注的是教育产品、活动及结果的价值。教育评价为改进教育提供了丰富的信息和深刻的洞见，而且已经被越来越多地运用在教育政策的制定过程之中。这些词条清楚地说明，教育评价是从教育实践中发展起来的，但它更多地以心理学和社会科学的理论和方法为基础。

特殊需要儿童教育部分是由位于美国费城的坦普尔大学（Temple University）教育研究中心的玛格丽特·C.王（Margaret C Wang）负责编辑的。她得到了同属该研究中心的唐·戈登（Don Gordon）的有力协助。这部分的词条关注的是与对有特殊需要的儿童的教育相关的研究和实践。它们围绕着11个主题领域展开：总体情况；课程考虑；诊断和分类；提供服务的替代性方法；有特殊需要的婴儿以及学前儿童；有特殊需要的儿童及青年；轻度和中度残疾的儿童及青年；语言障碍和语言能力培育；当代的情况；教育及相关服务；职业教育和过渡性模型；天才儿童和青年。

在向所有儿童（包括学业成绩很差的儿童以及那些需要不同的、特别的支持和抚育的天才儿童在内）提供普遍的、有效的教育方面，已经取得了长足的进步，特别是自《全书》第一版出版以来更是如此。在世界上许多地方，那种试图确保儿童获得有效的学校教育平等机会的教育改革新浪潮，正致力于提高学校的教育能力，为越来越多样化的学生群体，特别是那些在以前的改革中被过分遗忘或被抛在边缘地位的有特殊需要的学生，提供更好的教育服务。

教育政策与规划部分则是由约瑟夫·P.法雷利（Joseph P Farrell）负责编辑的，他是位于加拿大多伦多的安大略教育研究院（Ontario Institute for Studies in Education）的国际教育和发展教育中心的主任。这部分的词条讨论了发达国家和发展中国家的教育政策的制定及其实施中的主要问题，这既包括正式教育中的问题,也包括非正式或成人教育的问题。其中的许多词条集中讨论了教育政策的制定和规划中的技术性问题。由于教育政策和规划是一个涉及面很广的领域,它利用了几乎所有的基础学科(例如社会学、政治学、人类学、经济学、心理学及测量和统计学等),而且它被以这种或那种方式应用到了所有的教育体系和问题之上,所以,让读者密切注意这个部分的词条之间的交叉索引是非常重要的。

教育研究方法部分则是由南澳大利亚富林德斯大学的约翰·P. 基夫斯(John P Keeves)负责编辑的。这个内容广泛的专题关注的是以下几个方面的内容:教育研究的性质、教育研究所使用的(不论是经验的还是人文的)方法以及(为研究目的而展开的、同时是评价教育实践结果的标准的)教育测量和心理测量所采用的程序及其遇到的问题。这是一个在继续飞速发展的领域:整个 20 世纪的大部分时间中,它就一直是这样发展着的。然而,最新的发展动力则来源于微型计算机的介入。自《全书》第一版面世以来,微型计算机已经大量地摆上了教育研究者的桌面。这个领域正发生着令人兴奋的变化,有时候还引发热火朝天的争论,并激发着对教育过程的全新理解。人们已经越来越广泛地承认以下这一点:教育关注的是人的特性的变化,而既受个人层面上的又受群体层面上的因素的影响的人的特性,是必须得到精确测量的。

教育技术部分是由特耶德·普洛波(Tjeerd Plomp)和唐纳德·P. 埃利(Donald P Ely)共同负责编辑的,前者任教于荷兰图文特大学的教育科学和技术系,后者任教于美国锡拉丘兹大学的教育学院。

这部分的词条被组织在五个大的类别之下:定义、概念背景及教育技术的传播;程序设计、工具和资源;教育技术实现方案;教育技术的应用及制度环境;新问题。

第一类词条将教育技术当作一种概念和领域进行了讨论,并讨论了教育技术在不同的方法(比如通过各种组织和刊物)下是如何在全世界传播的。

第二类词条集中讨论了诸如评估、设计、媒体制作、扩散和实施等教育技术程序。由于教育技术的设计过程高度依赖于良好的组织,因此这一类别还包含了有关教育技术的管理和教育技术专家经常利用的资源的词条。

第三类词条则讨论了实现教育技术的战略、工艺、材料和设备。有关教育技术的实例则是在教育技术的应用和制度环境这一类别的词条下提供的。最后一类词条讨论的是新出现的问题,比如教育技术和版权的社会因素。

女性与教育部分是由澳大利亚墨尔本大学教育研究院的政策、环境和评估研究系的加布里埃尔·拉可姆斯基(Gabriele Lakomski)负责编辑的。这是全书中新加进来的一部分,主要是为了从国际视角来说明、记录并解释女童和妇女在教育方面为什么会成功,又为什么会失败。

由于女童和妇女所处的极为不同的文化、宗教、经济及其他条件之间有着许多共同的问题,由于对许多问题的解决方案超出了这部分的范围,所以,这部分的词条是围绕三个主要类别组织起来的:相关国家中的女性教育历史;规定、塑造并探索了女性教育、男女不平等和女权主义研究的问题及概念;对那些传统上女性处于弱势的领域(比如某些课程、女性在管理层和教育业中所占的比例以及获得职业培训的机会等)的经验研究和讨论。

教育史是由西克斯登·马克隆德(Sixten Marklund)负责编辑的,他是瑞典斯德哥尔摩大学的国际教育研究所教授。这部分的词条主要归属于下列三个主要领域:第一,教育思想的历史;第二,教育制度体系及其立法史;第三,宏观教育史和教育史学。教育思想史及其应用的词条,主要介绍了一系列的自古典时代开始出现的伟大教育思想家和教育家,从柏拉图直到 20 世纪 90 年代的诸如齐奥格·克申施泰纳(Georg Kerschensteiner)和玛莉亚·蒙台梭利这样激进的教育家。教育制度体系及其立法史主要涉及的是教育政策和教育制度的历史,这被分作学前教育、初等教育和中等教育三个方面,另外还补充了一些有关特殊教育、职业教育和成人教育的历史的词条。宏观教育史和教育史学则包括与教育史学有关的词条,此外还包括当代教育史、教育研究史和课程研究与开发方面的词条。

人的发展部分是由弗朗茨·E. 韦纳特(Franz E Weinert)主持的,他是位于德国慕尼黑的马克斯·普朗克心理学研究所的主任。其中的词条覆盖了人的发展研究的三个大的方面:人的发展的基本现象、日常概念和理论;人在生命周期中的发展变化的科学模型;躯体、认知能力和性格的发展变化与发展进程。

为了体现人的发展研究的方法的多样性,第一部分的词条覆盖了研究人的发展最为重要的方法、某些与人的发展有关的日常概念以及关于人的发展的所有最为重要的科学理论。第二部分的词条则覆盖了人的发展的主要时期和阶段,这包括幼儿期、儿童期、青少年期、成年期和老年期。第三部分的词条则讨论了人的发展的主要方面,从人的发展的生物学基础和躯体变化,到认知发展的各种现象和机制,再到人的个性的某些方面的社会环境根源,可谓应有尽有。

教育心理学是由艾里克·德·科尔特(Erik De Corte)主持的,他任职于比利时的卢汶大学(University of Leuven)的教育心理学和教育技术中心。这部分总共有51个词条,这些词条描述了当今世界对人的学习的过程和结果的理解,以及对影响这种过程和结果的人内心的或个人的、环境的、文化的、社会的和教育的因素的理解。这些词条的范围并不仅限于学校学习,而是包括了在工业环境下的学习,比如成人学习。尽管这部分强调的是获得知识和认知技能的问题,它还是包括了一些关于情感方面的、社会方面的和运动神经方面的学习的词条。

自从20世纪70年代以来,教育心理学的一项重大发展是,有关学习和教育的研究越来越针对专门问题了。这种趋势在这部分得到了很好的反映,其中有一系列的词条回顾了与主要主题领域有关的研究,这些主题领域一起构成了普通教育的课程。

另外,还有几个词条对这个领域的历史进行了回顾。而且,我们尽力使这部分覆盖国际上的主要研究,同时确保不同的研究方法都得到适当的照顾。

各国(地区)教育制度是由德国汉堡大学的比较教育学教授、本书的主编之一,T. 内维尔·波斯尔斯韦特(T Neville Postlethwaite)主持的。几乎在任何情况下我们都与各国的教育部联系,让它们安排相关词条的撰写。我们向所有的作者发出一份详细的内容大纲,目的是让对所有国家(地区)的教育体系的全部描述都尽可能地有相同的结构。这要求作者撰写以下内容:其所属国家(地区)的基本背景和社会、政治及经济环境,以及这些因素对本国(地区)教育体系的影响;教育政策与规划;正规教育体系的结构和学生人数,以及对学前教育、特殊教育、职业教育及成人和非正式教育的特别说明;正规教育体系的资金来源;教师的培训和供应;课程开发程序;升学、考试和证书程序;教育评价和研究;20世纪80~90年代的主要教育改革;该教育体系到2000年以前将面临的主要挑战。

有少数国家的教育部没有给出回答。这些国家有的正发生内战、政治动荡或者干旱。某些国家的教育部确实推荐了作者,但是相关作者除了与我们写过少数几封信之外,就再也没有什么音讯了。尽管遇到了这样一些问题,全书中还是包含了142个国家(地区)的教育体系的词条。

教育哲学部分是由美国斯坦福大学的教育和哲学教授丹尼斯·C. 菲利普斯(Denis C Philips)主持编辑的。这部分包括一些很长的词条,这些词条从历史角度回顾了教育哲学、教育哲学中的分析传统和教育研究中的认识论问题。还有一些词条则关注的是地区现象,另外一些则对那些经常影响教育理论和实践的主要的宗教思想派别进行了综述。同样都源自欧洲大陆的解释学、批评理论以及后现代主义,被分别放在不同的词条中讨论。然而,主要词条讨论的却是整个20世纪英美的教育哲学所集中关注的一些具体问题:比如教育中的批判性思维、课程理论、政治和道德哲学及其对教育的影响、当代的认识论理论及其教育学分支、哲学中的实证主义和现实主义及其对有关教育研究方法的影响以及西方作家眼中的马克思的社会理论的遗产。

学前教育是由美国伊利诺伊大学的初级教育和儿童早期教育中心的主任莉莲·G. 卡茨(Lilian G Katz)主持的。这部分的词条涉及了与从出生后到小学之前的儿童的成长、发育和学习等方面有关的话题，以及与这些儿童的父母有关的问题。另外还有一些词条专门讨论了与婴幼儿和学龄前儿童有关的计划的性质。

对于致力于对相关计划的效果进行评估、测量和预测的研究人员来说，学前教育具有特殊的挑战性。学前教育的这三个方面的词条，还回顾了学前教育的评估和学前教育评估的当前趋势，并综述了对学前教育计划展开的纵向研究的结论。

全世界范围内的学前教育以及儿童早期教育方面的专家，都特别强调了家长参与以及旨在对家长抚育孩子的能力进行培训的极端重要性。我们安排了专门的词条，对这类研究成果进行了分析。此外，几乎所有的专家都一致认为，学前教育计划的质量在很大程度上是由学前教育人员的经验和资历决定的。因此，本部分亦将学前教育人员的培训的进展包括进来。

教育社会学是由位于澳大利亚堪培拉的澳大利亚国立大学的社会学系的劳伦斯·J.萨哈(Lawrence J Saha)主持的。相关词条可以划分为三个主题：教育社会学的理论和主要领域；教育的结构和体系；关于教育过程的社会学。

对教育的社会学研究和解释被大量理论视角所主导着，这些视角全都提供了有关教育如何在社会中发挥作用的深刻洞见。因此，某些词条集中讨论了几种主要的教育社会学理论（包括古典理论和当代理论），并且还特别讨论了相关的生育理论和阻抗理论。除了一个有关教育社会学的词条之外，另有五个词条对有关成人教育、课程、学习、特殊教育和教学的社会学进行了综述。

第二个主题关涉的则是教育结构和体系问题，并且包括了诸如教育体系的不同层级之间的关系、公共和私人教育、能力追踪、教育体系的阶层现象以及教育与国家方面的词条。

最后，有关教育过程的丰富的社会学知识体系则体现在大量的词条之中，这些词条讨论了诸如教师工作和教师的过劳状况、性别差异、家庭结构、友谊模式以及课堂的动力机制等方面对学生的学业和其他在校成绩的影响。

教师教育这部分则是由美国南加州大学的罗林·W.安德森(Lorin W Anderson)负责组织的。教师教育这一专题的词条是围绕四个主题展开的：教师教育的概念和模式、职前教师教育、在职教师教育以及特殊领域的教师教育。有关教师教育计划的管理、认证、课程和评价都在这些词条中得到了讨论。所谓的特殊领域则包括阅读、语言艺术和文学、数学、音乐、体育、科学以及社会研究。

教学也是由美国南加州大学的安德森教授负责组织的。这一专题的词条则是围绕八个主题展开的：教师和教学的概念、教师的个人特性和职业特性、课堂环境和限制、教师做出规划和决定的行为、讲课策略和教学方法、教师行为和教师与学生之间的互动关系、教师和教学效果以及对教师和教学的研究。具体的词条则覆盖了从有关“作为职业人士的教师”的理论讨论到有关“教师的管理行为”的经验分析的丰富内容。

职业技术教育是由英国爱丁堡大学的肯尼斯·金(Kenneth King)负责编辑的。这部分的词条覆盖了技术和职业技能培训的三个场所：正式的学校教育；独立的培训机构（往往由劳动部而不是教育部负责管理）；工业界和商业界内部进行的培训，这包括发展中国家的小型企业、农场和工厂的生产小组以及德国或其他国家的著名的“二元体系”。

“理论”知识和“职业”知识之间的关系是极端复杂的，而关涉它们之间的关系的国家政策，则是与诸如是否能够获得进一步的教育、工作前培训以及（对许多国家来说）受教育者的失业情况所造成的威胁等等问题紧密联系在一起的。此外，技术和职业教育往往比理论教育更加昂贵。因此，除了讨论技术和职业教育的覆盖范围、时间安排及其制度定位之外，许多词条讨论了技术和职业教育的筹资机制问题。

5. 如何使用本大百科全书

正如上文指出的，教育不是一个被某种传统的学科视角一统天下的学术研究领域。实际上，许多学术地位已经确立的成熟学科都对探讨教育中的问题有价值。划分与这些问题相关的知识体系的结构的任何企图，都会遭到数不胜数的困难。尽管本书的词条是按照字母顺序排列的,但是读者还是可能不清楚某个相关词条是否包含着他们需要的信息。因此,出版商特地准备了一卷索引卷(西南师范大学出版社与海南出版社2006年1月出版的10卷精装《教育大百科全书》将索引并在第10卷中),该索引卷包含三个层次的主题索引:名称索引、分类词条表和词条作者表。这应当会有助于克服作为一个研究领域的复杂性所引发的困难,并可引导读者快速查找到自己所需要的信息。

我们要求各词条的作者列明他们撰写的词条的关键词和关键短语,这些关键词和关键短语都是他们希望传达的信息的根本要素。这些术语就构成了主题索引的基础。接着,大量的索引专家利用一个计算机索引程序对超过1 200条的术语进行了协同一致的分析,从而制作出了一个易于使用而且全面的索引,这个索引可满足不同知识层次和不同经验水平的读者的不同要求。涉及某个问题的实质性讨论的页码索引被醒目地标了出来,而交叉索引则将读者导向相关的词条。因此,主题索引就成为使用本全书者可依赖的最重要的工具了。名称索引也提供了一个颇为有用的切入点。

分类词条表则勾勒出了本大百科全书的内容的基本结构。它以"主题词条"将相关词条组织成多个以字母顺序排列的领域,并将涉及相互关联的话题的词条安排在相关的总的小标题之下。某些内容则同时被列在多个不同的专题之下。此外,某些标题则跨越了本大百科全书为安排相关词条而按专题划分的界限。这样,读者就可以找到所有与"阅读"有关的、被安排在一起的词条,即使这些词条是由两个不同的责任编辑负责组织的。

索引卷还包括了一份列明作者及其所属机构的完整列表,并指明他们撰写了哪些词条。同时还包括了一份列明主要教育研究刊物的列表,这对于本大百科全书的读者来说,定会是一个便捷的索引工具。

为了满足读者对某个特定词条内包含的具体内容的更为深入的兴趣,通常作者都在他们撰写的词条后的参考书目之后指明了与相关词条相关的进一步的资料源,而且,还交叉索引了本大百科全书中与他们撰写的词条紧密相关的其他词条。

6. 致谢

编纂一部大型的大百科全书是一项艰巨而浩繁的工程。我们要特别感谢几个人。首先,我们要感谢巴巴拉·芭蕾特(Barbara Barrett),普格曼的编辑部主任,正是她第一次提出编纂这一新版的大百科全书。其次,我们要特别感谢责任编辑,感谢他们的责任心、能力、智慧以及他们在本书工作上所花的大量时间。再次,我们要感谢所有作者,感谢他们撰写(以及重写)相关词条。我们深深地受惠于荣誉编辑顾问委员会以及相关词条复审人的卓绝才识。另外,我们亦深深受惠于汉堡大学和斯德哥尔摩大学的许多人士,他们重打了许多有时候几乎都无法辨认的词条,并且对每一个词条所处的状况都进行了随时随地的追踪。这些人士包括:欧姆特劳德·弗里茨(Irmtraud Friz)、冈达·列姆考(Gunda Lemkau)、罗斯尼·兰宾(Rosine Lambin)、朱莉·弗雷德里克斯(Julie Fredericks)、杰德·哈里斯(Jed Harris)和克里斯蒂娜·雷昂(Kristina Rayon)。我们要感谢菲利普·阿什列特(Philip Aslett)和费昂纳·巴尔(Fiona Barr),他们承担了编纂主题索引的主要任务。最后,我们还要向普格曼的优秀的编辑队伍表示我们由衷的谢意:格伦达·科尔肖、安吉拉·莫瓦(Angela Moar)、艾丽森·唐内特(Alison Dunnett)、彼得·米歇尔(Peter Mitchell)、露茜·赫伯特森(Lucie Herbertson)以及米歇尔·惠顿(Michde Wheaton)。

托尔斯顿·胡森(Torsten Husén)
T. 内维尔·波斯尔斯韦特
(T Neville Postlethwaite)

目　　录

儿童看护和托幼机构教育的效果(Childcare and Preschool Effects)

从事6岁前儿童的保教工作的机构名目繁多,名称各异。如幼儿园(preschool,学期制,澳大利亚)、学前教育方案(preschool program,如美国的"早期开端"计划)、日托和儿童中心(daycare and child center,美国)、婴儿看护中心(infantcare center,美国)、家庭日托(family daycare,美国)、幼儿学校(nursery school,英国、美国等)、幼儿班(nursery class,英国)、日托幼儿学校(day nursery,英国等)、学前班/过渡班(reception/transition class,英国)、游戏小组和游戏中心(playgroup and play center,英国、新西兰、澳大利亚等)、5岁和5岁以下幼儿学校(under-fives and rising fives,英国和其他国家),幼儿班或幼儿学校(infant class or school,英国等)、幼儿教育方案、托儿所(early childhood program、crèche,一些英语国家和法语国家)、儿童看护、幼儿学校(child-minders,école maternelle,法国和比利时等)、幼儿看护学校(école gardienne,比利时)、托儿所(garderie,加拿大)以及幼儿园(kindergarten,在许多国家)和其他一些名称(如gardiennes encadrées,jardin d´enfants等等)。在这些机构中工作人员的称呼也同样纷繁复杂,如教师、儿童看护者、保姆、姐姐、教员、育婴员、社会教育者等等(teacher,childcare work,nurse,Lehrerin,social pedagog,Erzieherin,etc)。对工作人员的这些称呼与托幼机构的类型有一定关系,同时也与这些托幼机构所提供的服务或工作所需的职业培训的类型与数量有一定的关系。

术语多样化是学前教育(preprimary education)的一个主要特点,它说明了学前教育是大教育"文化"之中的一个"亚文化"。在这里,我们无意去研究导致这种术语多样化的历史的、社会的和语言学的原因,而仅仅是想表明这些不同的名称所反映的是该领域中的争论以及意识形态上的差异。这些争论在一定程度上与关于妇女地位、家庭的作用、早期学习的影响和工业化带来的压力等问题的价值观和态度的深刻差异有很大的关系。

在小学教育领域,读、写、算被认为是相互关联的技能,但在其他能力的掌握上(如熟练掌握第二语言)还存在一些争议。

文献分析结果表明,一些国家(如比利时、法国和荷兰)虽然已经认识到学前教育的重要性,但是在社会和政治上还没有要求提供关于学前教育价值的科学证明。因此,很有趣的是在法国和比利时的一些文献中,教师往往把一些儿童的学业失败解释为他们没有进入幼儿学校。在这些教师看来,幼儿在幼儿学校所度过的"这段时光"正如和父母在一起一样,无疑是在小学学习获得成功的先决条件。在其他一些国家则相反,人们要求提供关于学前教育效果的实证研究依据,而不是想当然地认为学前教育是有价值的。其中,美国最为典型。美国已进行了大量的实证研究,证实了学前教育确实具有积极的效果。因此,下面的文献分析主要以美国的研究传统为基础,当然也会回顾发展中国家所进行的一些研究。

自20世纪60年代开始实施向贫穷宣战和"早期开端"(Head Start)计划以来,美国出现了三次学前教育研究热潮:(a)评价研究,特别是长期追踪研究;(b)比较研究;(c)托幼机构中的生活质量的研究。

1. 第一次研究热潮:评价研究

第一次学前教育研究热潮主要关注以下这个问题:受或没有受过托幼机构教育是否真的能够造成差异?最初的研究主要考察了学前教育方案对处境不利儿童的直接影响。很快,学前教育的长期效果问题也受到了研究者的重视。但是,第一代研究的结果令人失望。布朗芬布伦纳(Bronfenbrenner 1974)关于"早期干预是否有效"的问题引发了探寻学前教育的影响力实现的条件研究。第二代研究得出了较为明确的结论:是否受过学前教育确实可以对儿童的发展造成持久的差异。追踪研究协会发表的报告(Lazar 1977)和韦卡特(Weikart)及其同事一起进行的佩里托幼机构教育追踪研究(Schweinhart and Weikart 1980,Berrueta-Clement et al. 1984)都证明了与同样来自低收入家庭、没有参加学前教育方案的儿童相比,参加了学前教育方案的来自低收入家庭的儿童在以后的学校学习和生活中能够取得较大的成功。

1.1 追踪研究协会

追踪研究协会(Lazar 1977)重组并分析了14项研究。在对数据的二次分析中,儿童是否被分到特殊教育班以及是否在某个年级段留级被作为判断学前教育的长期效果的指标。拉扎(Lazar 1977)认为:

> 这两个结果作为衡量托幼机构教育效果的指标,其优势在于它们能具体地、严格地反映出儿童的表现是否合乎其所在的教育机构的要求。(P.20)

分析表明质量可靠的学前教育方案是有效的。早期干预减少了被分到特殊教育班和留级的学生数量。根据这些研究,拉扎和他的同事得出结论,"早期教育方案能够以一定的方式改善低收入家庭儿童满足其所在学校的要求的能力"(Lazar 1977 P.28)。

然而,一些托幼机构的教育效果并不好。为了确定早期干预的影响因素,早期干预被分成了三种不同的类型:以托幼机构干预为主的、以家庭干预为主的、托幼机构干预和家庭干预相结合的。拉扎(1977 P.28)总结道:"所有能够对儿童今后不被分到特殊教育班产生积极影响的早期干预方案,或者是家庭访问方案,或者是包含家庭访问因素的早期干预方案。"

在最近的二次分析(1979)中拉扎和达林顿(Darlington)进一步指出:

> 家庭环境也受到了这种干预的明显影响。尤其是在孩子进幼儿园的母亲中,她们对孩子职业的期望要高于儿童对自己的期望。在控制组儿童的母亲中没有发现这种差异。(P.20)

因此,可以提出的假设是:托幼机构教育干预的长期效果"部分源于父母对于孩子教育问题的关注的增强和与学校沟通能力的提高——这正是幼儿接受托幼机构教育的经历对其父母的敏感性的间接影响"(Lazar 1977 P.28)。

这一发现证实了布朗芬布伦纳在1974年所提出的报告。布朗芬布伦纳发现参加父母干预方案、同时孩子也参加小组干预方案的父母,他们的孩子今后能够获得的成就更大、也更为持久。他用生态学的理论解释了这一结果。

> 因此,从第三年开始,对父母的干预就像催化剂一样,可以维持和提高儿童小组干预的效果……仅仅依靠儿童自身,不能使促进他们成长的这一过程内化,但父母和儿童构成的系统则具有这种能力。(Bronfenbrenner 1974)

这些发现表明,要使早期教育在儿童的发展中发挥作用,就必须影响其家庭微观系统。

早期干预对儿童的认知能力、尤其是对儿童的IQ分数的影响是一个有争议的问题。确实,早期的研究表明早期干预对儿童的IQ分数似乎只有短期(2~3年)的影响。但是,拉扎和达林顿(1979)做的路径分析表明,"6岁时的IQ分数和接受托幼机构教育的经历对儿童入学以后的表现有着重要影响"(P.19)。此外,他们也描述了接受托幼机构教育的经历与IQ分数之间的路径关系(见图1)。

他们认为托幼机构教育干预对儿童在入学初期这一关键时期的智力机能发生影响。然而,拉扎和达林顿(1979)指出:

> 在部分排除了托幼机构教育对6岁儿童IQ分数的影响之后,我们发现托幼机构教育对儿童的影响主要是与儿童的学业成绩有关,而与儿童的认知能力和技能无关。儿童的成就动机、价值观、期望或处事风格可能会受到影响……儿童的课堂行为可能受到影响……例如,儿童的家庭也可能受到影响,例如改变了父母对儿童的看法、影响了家庭的动力学、提高了父母对孩子未来的期望等。

1.2 施魏因豪特(Schweinhart)和韦卡特(Weikart)的相互影响模式

佩里托幼机构教育追踪研究(Schweinhart and Weikart 1980)提出了一个因果关系模式,即托幼机构教育干预的效果是其他后继效果产生的原因,从而解决了在第一次研究热潮中所提出的问题。

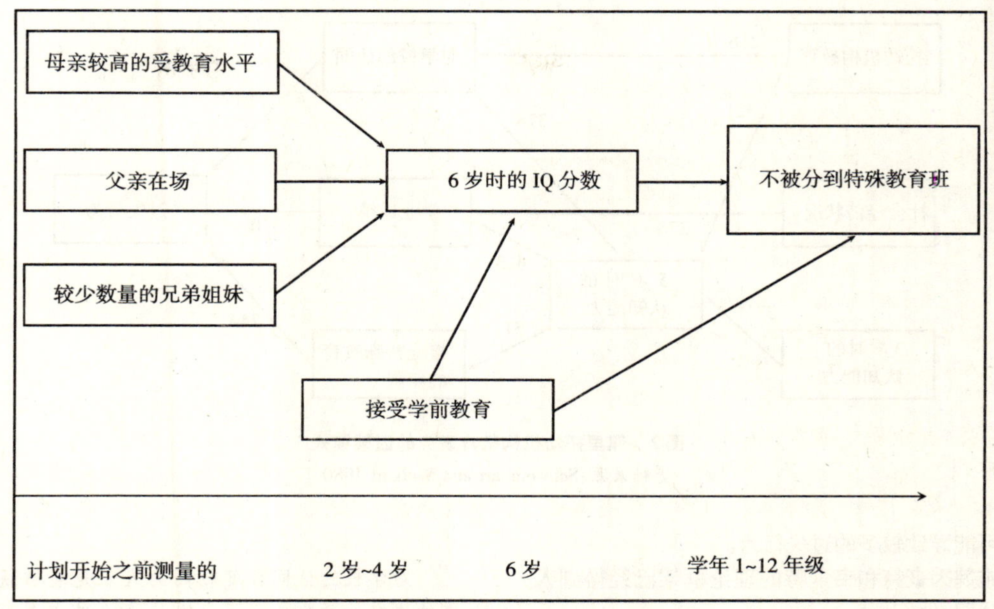

图1　是否被分到特殊教育班:由数据、显著路径显示的变量网络表(Lazar and Darlington 1979 P.18)

我们的基本模式是相互影响的,强调个体和环境之间的关系随时间的推移而发生变化。我们的研究是从贫困儿童开始的。尽管具有各种适应能力,但贫困儿童所处的环境阻碍了他们的发展,并且可能导致他们在学业上的失败。托幼机构教育为这些儿童提供了额外的认知发展刺激,使他们在入学时能够表现出更强的认知能力。在接下来的严格的学校分层过程中,他们必须承担与学业成功或失败相一致的角色。在整个学校学习过程中,他们扮演着学生的角色——相信自己、表现出与对成功或失败的预期一致的学业水平,甚至表现出与他们所预期的地位相一致的学业水平。教师、父母和同伴接受并强化他们的这种角色或地位水平,所有人(包括儿童自己)对儿童的学业成就抱有同样的期望和支持态度。学业上的成功最终变成生活上的成功。在某种程度上,如果儿童能够获得学业上的成功,那么长大成人后在教育成就、职业地位和收入上也会取得成功。如果儿童在学业上失败了,他们就会在志趣相投的同伴的怂恿和支持下以异常的行为攻击学校和社区,而且认为这种行为是正当的——他们希望以此引起人们的注意,但最终会受到社会习俗的否定。(Schweinhart and Weikart 1980 P.15)

研究者收集了123名儿童在3岁~25岁的数据。总样本由65名控制组儿童和58名实验组儿童组成。实验组被试每个工作日上午都去托幼机构参加学前教育方案,3岁和4岁时在母亲的陪同下每周接受一个半小时的家访。

图2展示了路径分析的结果。

托幼机构教育提高了儿童在入学时的认知能力,影响了儿童对待学校的态度。5岁时的认知能力是这一模式的核心,因为它对儿童对于学校教育的认同和学业成绩有积极的影响,可以减少被分到特殊教育班的可能性。这三个变量能够预测青少年的犯罪行为发生的可能性。因为在某种意义上来说,对学校教育的认同和呆在特殊教育班的时间较短能够减少青少年的犯罪行为,而单纯的学业成

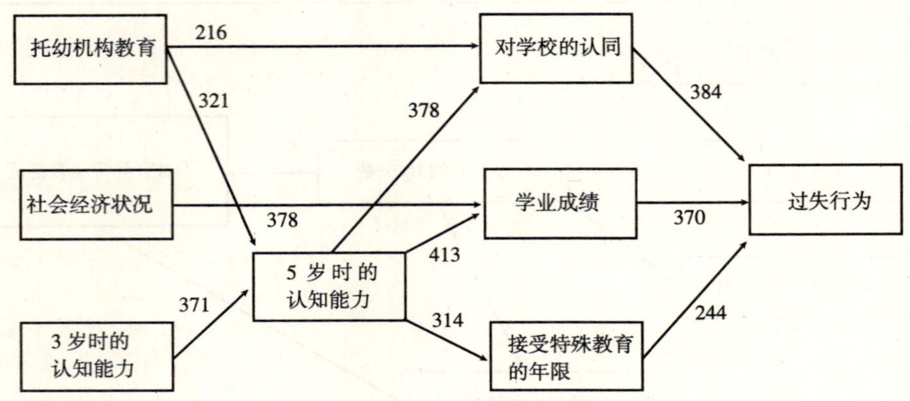

图 2　佩里托幼机构教育研究的因果模式

资料来源:Schweinhart and Weikart 1980

绩则可能导致较多的过失行为。

施魏因豪特和韦卡特的理论框架已经得到人们的认同,他们指出:

> 对学校的态度和托幼机构教育之间的直接关系表明,托幼机构教育的直接效果表现在动机和认知两个方面。可以提出的假设是,对学校的认同开始于在学业上获得成功的体验。本研究对此可以做出的修改是:对学校的认同开始于对托幼机构丰富的认知环境刺激的反应。(Schweinhart and Weikart 1980 P. 66)

该研究最有趣的地方是把角色理论运用到教育中、特别是运用到课堂事件中。施魏因豪特和韦卡特假设,当个体进入一个新的环境并与之相互作用时,他就会表现出与之相应的行为方式,形成相应的角色和行为模式,它们很快就会引起和该角色相一致的社会反应。托幼机构教育通过改善儿童的认知能力,帮助这些儿童建构能够导致成功的角色,并使其他人(教师、父母和同伴)也能够拥有这种角色并和他交流关于该角色的期望,从而使儿童对这一角色的期望得以保持和扩展。通过这种途径,动机、行为和社会支持就成为个体与环境之间经验的、动态的相互作用的三个方面。正如施魏因豪特和韦卡特(1980)所说:

> 对学校的认同程度较高的人正是能够获得较多的成功的学生角色强化的人,当然也是最可能达成学校教育目标和取得优秀学业成绩的人。但是,在其他方面相同的情况下,学业成绩优秀的人对学校的认同可能更高,也更可能接受对于成功学生角色的强化。(P. 12)

海伊斯科普(High/Scope)小组对被试 19 岁时(Berrueta-Clement et al. 1984)的数据资料的分析发现,托幼机构教育干预对每一类标准变量(即学业成就、社会责任、早期的社会经济地位)都有积极影响。

1.3　关于托幼机构教育效果的长期评价研究的贡献与局限

1.3.1　研究结果的一致性:"早期开端"(Head Start)综合项目

迈肯等人(Mckey et al. 1985)综合分析了 1965 年和 1984 年之间的关于"早期开端"项目的研究,强调了这种一致性。其中,72 项研究考察了儿童的认知能力,17 项研究测试了儿童的社会性情感(自尊、社会行为和成就动机),5 项研究测量了家庭影响。一些研究还测查和分析了留级和特殊教育班的影响。

如表 1 所示,"早期开端"对儿童认知能力的即时影响是积极的,但是这种影响并不持久。

在“早期开端”计划后的第一年,参加“早期开端”和没有参加“早期开端”计划的儿童在成绩和入学准备测验方面的差异具有教育上的意义,但两组儿童的智力测验分数处于同样水平。在第二年末,任何测验都不具有教育意义上的差异。(Mckey et al. 1985 P. 8)

“早期开端”对儿童在学校的成就有着长期的影响。研究也发现,“早期开端”对儿童的自我评价(effect size =0.17)、成就动机(effect size =0.22)、社会行为(effect size =0.35)以及健康与运动发展等方面也有积极影响。其他的发现包括:

(a)相对于传统的课程模式、认知性的课程模式、或蒙台梭利课程模式,高结构性的学业课程可以取得更明显的即时效果。但是,这种效果在实施“早期开端”的第三年就消失了。

(b)处理—控制研究发现,与持续时间较短的(2.5~5小时)“早期开端”计划相比,“早期开端”实施的时间越长(6~8小时),对儿童的即时认知影响越高。

(c)“早期开端”计划对少数民族儿童占70%~90%的班级儿童的成就动机的影响要高于少数民族儿童占90~100%的班级。在“早期开端”计划实施的第一年末以及以后的三年中的每一年都发现了这一结果。

1.3.2 早期干预对发展中国家的小学教育的影响

(a)与营养有关的研究。在20世纪70年代,对营养不足与行为发展之间的关系的学术兴趣引起了一系列的关于营养问题的干预。危地马拉的INCAP研究和普韦布拉(Pueble)研究(都在墨西哥)都仅仅涉及了健康监督和营养补充方面的内容;重点放在蛋白质—能量的补充上,而很少或没有注意维生素和矿物质的缺乏。卡利(Cali)研究、波哥大(Bogota)研究和PORMESA方案(都在哥伦比亚)以及印度儿童发展综合服务计划和学前营养方案(巴西)则把营养与教育干预结合在一起。

表1 “早期开端”对儿童认知能力的影响

	处理/控制研究	前/后研究
智商	0.59	0.43
入学准备	0.31	0.59
学业成绩	0.54	0.37
综合	0.52	0.48

(b)托幼机构干预研究。发展中国家已经进行了许多托幼机构教育评价研究,尽管他们的研究在设计上有很多不足,比如,实验组与控制组之间的匹配不良问题,心理测量方法的描述不够和各种与取样有关的后续问题等。

(c)早期干预。尽管在干预种类、干预的时间、早期干预和小学教育之间的关系上还存在着一些问题,但是在发展中国家,早期干预显然具有积极的影响。

2. 第二次研究热潮:比较研究

2.1 “早期开端”的计划性差异

“早期开端”的计划性差异(Rivlin and Timpane1975)的目标在于比较参加12种不同教育方案的儿童在认知、学业和动机发展方面的差异。结果表明,没有一种教育方案的总的影响比其他方案更好或更差(Smith 1975)。强调学业技能学习的教育模式并没有比其他教育模式表现出更多的一般意义上的优点,但在字母、数字和形状的学习方面有一定的优势。海伊斯科普认知课程模式对斯坦福-比纳IQ测验分数的影响特别大。但是这项研究本身在方法上有许多缺陷,例如忽视了社会和情感领域,其原因主要是因为缺乏有效的测量工具以及使用的测验太概括而不能测量出真正的效果。正如里维林和廷潘(Rivlin and Timpane 1975)所指出的那样:

这些(测验)不能区分出侧重点不同的课程。虽然标准化测验的设计目的原本是比较各种不同课程模式下的儿童的表现的,但是由于它们不考虑不同的课程对儿童的不同的影响,因此这些标准化的测验并不适合用来作为比较各种不同课程模式的鉴别器。(P.1)

进一步来说,课程模式在不同机构的实施似乎也有很大的不同。在一个机构所获得的最符合某种课程模式意图的结果可能与在其他机构所获得的结果相冲突。尽管各种模式在教育目标上不同,但它们在所教的内容或教学风格上并没有表现出很大的差异。

2.2 叶波斯兰第幼儿园课程示范项目

韦卡特等人(1978)比较了三种幼儿园课程模式的效果:(a)强调学业学习的贝雷特—英格曼(B-E)模式;(b)以皮亚杰理论为基础的海伊斯科普认知课程模式;(c)传统的课程模式(以单元教学为基础)。41 名处境不利、IQ 分数较低(50~85分)的 3 岁儿童作为被试接受为期两年的托幼机构教育,并且受到定期的家庭访问。对非课程变量进行了严密的控制。对班级活动过程的仔细观察表明,以上三种不同的模式都在不同的班级中得到了实施,而且每一种班级活动模式都忠实于其课程模式。

被试在进入托幼机构一年之后,IQ 平均分增长了23。出人意料的是,“三种模式中的儿童在认知—语言测量上彼此都非常相似”(Weikart et al. 1978 P. 126)。到第二年末,分数有轻微的下降。但在强调学业的课程模式中,儿童的分数下降没有其他两种课程模式中的儿童多,他们的分数明显要比其他被试高。

后面收集到的数据表明这三组被试之间没有差异:

(a)在 4 年级末,三种课程模式中的儿童的 IQ 分数保持不变。

(b)与没进托幼机构的儿童相比,所有曾进入托幼机构的儿童的留级和进入特殊教育班的人数的比率都降低了。

韦卡特等人提出这样的结论:“早期教育的主要问题不在于采用哪一种课程,而在于怎样使每一种课程产生积极的结果。”(Weikart et al. 1978 P. 136)他们声称,课程的主要功能是调动教师的积极性,合理地选择儿童的活动,为教师的班级管理提供合理的基础。而且,“当教育目标被明确阐明时,父母就能更多地与孩子一起参加到教育活动中”(Weikart et al. 1978 P. 136)。

2.3 路易斯维尔关于四种幼儿园课程模式的纵向研究

米勒和她的同事(Miller and Dyer 1975; Miller and Bizzell 1983a, 1983b)进行了一项纵向比较研究,该研究尽量避免了上述研究的主要缺陷。

她们比较了四种课程模式:(a)贝雷特—英格曼(B-E)模式;(b)达西模式(Darcee program, D);(c)蒙台梭利模式(M);(d)传统的“早期开端”模式(T)。儿童被随机地分配到以上各种模式之中。在后续研究中还加进了一组没参加任何托幼机构教育方案的儿童作为控制组。在幼儿园结束时,214 个参加实验的儿童组成一个样本。观察表明这些模式都得到了很好的实施。课程模式之间的最大差异是儿童的活动,在教师不与儿童接触方面没有发现时间长短的差异。因此,儿童在得分上的差异被归因于不同课程模式的特点。

在幼儿园开学 8 周后(PPK)、在学年结束时(EPK)和在学前班结束时(K)等三个不同时期用托幼机构量表(Preschool Inventory PSI, Caldwell 1968)对幼儿进行测验。在入学后的 1 年级和 2 年级末,可以获得被试的加利福尼亚成就测验分数,从 4 年级到 8 年级可以获得被试的斯坦福成就测验分数,在 9 年级和 10 年级可以获得被试的基本技能综合测验分数。在 9 和 10 年级,采用“分步确认法”(STEP-Locator,一种关于语言和数学技能的简单测验)测验被试的语言和数学技能。分别在托幼机构教育开始和结束时、1 年级、2 年级和 8 年级,用斯坦福-比纳量表测量了儿童的智力。1977 年用的是韦克斯勒智力量表,在后来几年中则是轮流运用斯坦福-比纳智力测验和韦克斯勒量表。

结果表明,在学前班结束时的学业和 IQ 分数趋势一直保持到 9~10 年级。结果还显示在性别和课程模式的效果之间存在着持久的相互作用。

蒙台梭利模式。参加蒙台梭利课程模式的女孩的 IQ 分数在幼儿园末期有所增加,随后迅速下降。参加蒙台梭利模式的男孩在 10 年级时的 IQ 分数不比幼儿园末时低(见图 3.1)。而且,在 10 年级末,这些男孩的 IQ 高于加利福尼亚测验中的国家标准(见图 3.2),女孩的学业成绩比男孩低。

达西模式。在10年级时，参加达西模式的男孩的IQ分数比参加蒙台梭利模式的男孩的分数低15.3分，参加达西模式的女孩的IQ分数比达西模式的男孩高（大约5分），她们的分数也比参加蒙台梭利模式的女孩高（大约10分）。在成就测验上，女孩和男孩的分数也不同。参加达西模式的女孩的分数要高于参加达西模式的男孩及参加蒙台梭利模式的女孩，但低于参加蒙台梭利模式的男孩的分数（见图3.3和3.4）。

贝雷特—英格曼模式（简称贝—英模式）。在整个研究中，参加贝—英模式的男孩和女孩在两项测验（IQ和成绩）中的分数都非常相似。在10年级时，参加贝—英模式的男孩的成就测验分数比参加达西模式、传统模式和控制组的男孩高，但比参加蒙台梭利模式的男孩低。参加贝—英模式的女孩的分数要低于参加达西模式和控制组的女孩的分数，但高于参加蒙台梭利模式和传统模式的女孩的分数（见图3.5和3.6）。

传统的“早期开端”模式。在10年级时，男孩与女孩之间的IQ和成就测验差异比较小。参加传统模式的男孩在10年级时的IQ分数要低于参加蒙台梭利模式的男孩的分数，但高于参加贝—英模式的男孩的分数；参加达西模式的男孩的分数和控制组的男孩一样。而同年级的参加传统模式的女孩的IQ分数和参加达西模式、控制组的女孩一样，但高于参加贝—英模式和蒙台梭利模式的女孩。

参加传统模式的男孩在10年级时的IQ分数和控制组男孩的一样，但比参加达西模式的好，比参加蒙台梭利模式和贝—英模式的男孩差。参加传统模式的女孩的分数与参加蒙台梭利模式和贝—英模式的女孩的一样，但低于控制组和参加达西模式的女孩（见图3.7–3.10）。

根据男孩和女孩在两个项目中的分数来为几种模式排序，从10年级儿童分数产生的排列结果可以看出性别与模式的相互作用（见表2）。

蒙台梭利模式对男孩来说最好，而对女孩来说最差。男孩在成就测验中的排列顺序大约与女孩的相反。而且，没有接受过幼儿园教育的女孩与接受过幼儿园教育的女孩的表现至少一样。考虑到最初的随机安排和对各种误差的忽视，这些发现也不能仅仅归因于巧合。

3. 第三次研究热潮：托幼机构中的生活质量

第一次研究热潮中的纵向研究表明托幼机构教育对来自低收入家庭的儿童的发展有积极的影响，但这些研究并没有说明影响的机制。韦卡特认为：

> 对研究者来说，花更多的时间进行课堂观察，研究教学过程和儿童的学习经验可能比以后仅仅用成就测验来获取延迟的结果更有意义。（Beller 1973 P.575）

3.1 牛津托幼机构研究项目（OPRP）

牛津托幼机构研究项目清楚地解释了这种调查方法的潜力（Bruner 1980）。研究者观察了英格兰的游戏小组、幼儿学校和幼儿班（机构数目 = 19）中的120名儿童（60名3岁半至4岁半幼儿，60名4岁半至5岁半幼儿）。每次记录儿童在30秒里的活动，共记录20分钟；在20分钟里对每个儿童分两个阶段进行观察。根据12个不同的方面对儿童每30秒的活动进行分析：

（a）当前的任务或活动。

（b）当前任务的背景。

（c）任务的认知复杂性。

（d）任务背景的认知复杂性。

（e）在场的其他人的数量。

（f）儿童与他人的互动或与他们的平行活动。

（g）其他人的地位。

（h）在场的成人是积极的或消极的。

（i）包含在主要任务中的或与主要任务平行的活动。

（j）口头言语的数量。

（k）口头言语的相关性或“仅说一次”。

（l）谁主动发起的谈话。

资料表明，几乎总是全神贯注于操作材料的儿童能够产生明确的目标，他们具有达成目标的方法或手段，能够获得合乎逻辑的反馈。角色扮演导致了情节丰富的游戏活动，而缺乏结构的活动则使游戏活动缺乏情节。而且，儿童更愿意参加有其他儿

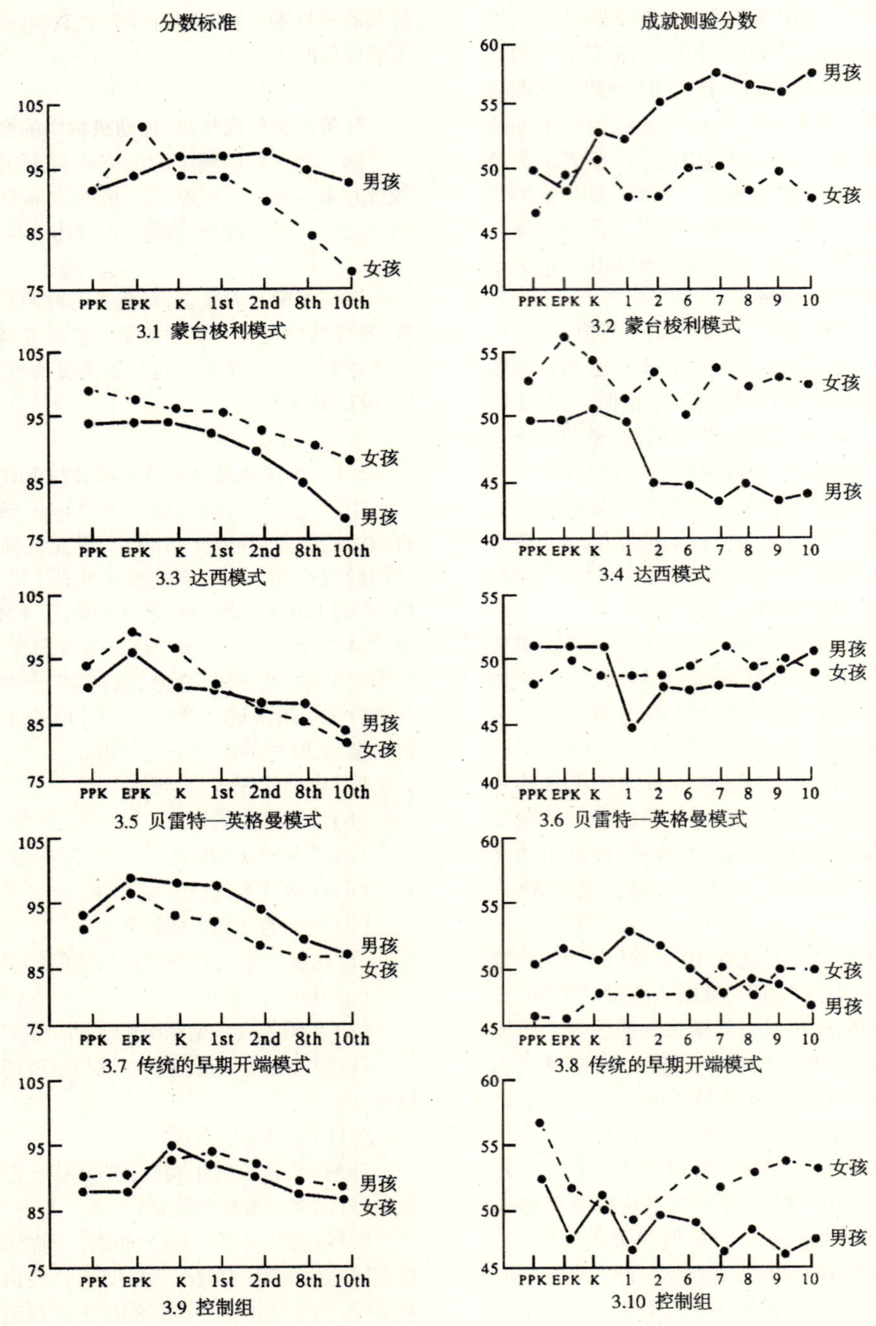

图3　学业和智商趋势以及性别和课程效果之间的相互作用

表 2　　根据得分排序看性别与课程模式的相互作用

智商		学业成绩	
男孩	女孩	男孩	女孩
蒙台梭利模式	控制组	蒙台梭利模式	控制组
控制组	达西模式	贝一英模式	达西模式
传统模式	传统模式	控制	传统模式
贝一英模式	贝一英模式	传统模式	贝一英模式
达西模式	蒙台梭利模式	达西模式	蒙台梭利模式

童和成人参与的复杂的活动,而不喜欢只是自己一个人的活动。

相互之间的交谈比较少,只占所观察样本的20%;这20%中的2/3是发生在幼儿之间的。时间较长的交谈主要发生在安静的角落里,似乎交谈需要亲近。不能激发幼儿参加情节丰富的活动的情景可以促进幼儿之间的相互交谈。成人处于优势地位,但频繁的管理工作妨碍了他们与儿童的交谈。

从三种不同的机构中所获得的观察结果不同:在游戏小组中,成人定向的(adult-directed)班级活动更多,这可能是受到游戏小组空间有限的影响;附属于小学的幼儿班则一般比较强调语言活动和入学准备任务;幼儿学校则更多强调自由表达,它们有更多的"独自"活动,而情节丰富的游戏活动则较少。

牛津托幼机构研究项目表明,"相对于结构性差的托幼机构,儿童在结构性较强的托幼机构中能够更多地进行情节更为丰富的游戏活动"(Bruner 1980 P.21)。在有指定的活动的托幼机构中,幼儿用同样的方式继续着先前在成人定向的情景中出现的活动。成人和幼儿的比例和班级规模也很重要。成人一儿童的比例越高,成人用在丰富幼儿游戏情节上的时间比例就越高,相关的交谈也就更多。较小的班级规模似乎也可以促进游戏情节的丰富和假装游戏的发生。

3.2　全国日托研究

全国日托研究的主要目标在于确定看护者一儿童比例、班级规模和其他日常看护因素对日托服务质量和成本的影响(Ruopp et al. 1979 P.10)。通过观察托幼机构中的互动和对儿童的标准化测验来确定质量。

班级规模与看护者和儿童的行为都有关系。较小的班级规模与较高的成就测验相关。班级规模越小,看护者与儿童进行的互动(提问、回答、表扬和鼓励)越多,成人就不是仅仅看着他们或与其他成人交流。与其他看护者相比,受过相关教育的看护者能提供更好的照料,而且他们整理的儿童的测验分数也更高。

3.3　儿童看护研究结果的不一致

克拉克－斯图尔德(Clark-Stewart 1987b)考察了五项有关幼儿看护质量与儿童发展结果关系的研究。在这五项研究中,有三项把托幼机构环境评价量表(ECERS)作为质量评价指标。一项研究显示,ECERS分数与幼儿的社会能力、智力和语言有正相关,而另一项研究则发现ECERS分数与社会能力和语言有负相关。还有一项研究发现,ECERS的看护和照料版本(DCHERS)与幼儿的智力和家庭日托中的语言有正相关。另一项研究则表明,这种质量评定与2～5岁幼儿的智力和语言没有相关。

类似的研究结果之间的不一致现象还存在于关于成人一儿童的比例、班级规模和看护者的特征等常规变量的影响方面。克拉克一斯图尔德解释道,儿童看护质量的总的评价结果的不一致可能是因为关于质量的定义模糊不清。因此,在一个托幼机构中,起作用的高质量因素并不一定意味着在任何托幼机构中都起作用(Clark-Stewart

1987a P. 113)。

4. 从过程—结果范式到生态—中介过程范式

4.1　对过程—结果之间关系的探索

在最近20年间,研究者一直在探索结构特征(成人—儿童比例、班级规模、每个儿童所拥有的空间、设备等)或教师的课堂行为与儿童的发展和成就之间的"直接关系"。为什么要弄清楚这些关系?菲利普斯和豪斯(Phillips and Howes 1987)描述了"中介性的过程范式":

> 成人—幼儿的比例被认为是重要的质量指标,它被看作是成人中介幼儿与周围的社会和物理世界相互作用的行动基础……每个成人能够以富有刺激性的和敏感的方式来与之相互作用的幼儿的数量显然是有限的。如果需要成人照料的幼儿的数量过多,那么看护者与每个幼儿的互动就可能变得简短和草率。(P. 5)

这种观点认为,如果某些结构维度与托幼机构中成人或幼儿的行为之间存在相关,那么研究结果之间也就存在着一致性(Phillips and Howes 1987 P. 5～9)。克拉克－斯图尔德(1987a)同样也发现,在托幼机构中幼儿与看护者的互动与儿童发展的测验结果之间存在相关。但是她指出,这一领域中的研究并不总是包括这种互动。

可能引起争论的是在某些环境中,托幼机构中的生活质量被看作是其自身的产物。特拉韦斯和莱特(Travers and Light 1982)持这种观点:

> 鉴于一些看护模式、著名的日托中心和幼儿园教育耗费了儿童在醒着时的大量时间的事实,我们应当考虑生活质量可能是托幼机构自身的产物……生活质量和儿童发展是交织在一起的。就儿童而言,当前的参与、刺激、自信等行为模式至少是与儿童长期的社会情感发展有关的。(P. 32)

4.2　家庭内、外的儿童看护:竞争的结束

家庭和学校常常被当作相互竞争的教育领域。菲利普斯和豪斯(1987)指出,在美国:

> 家庭养育(不经常使用其他儿童照料服务作为其弥补)经常被当作与托幼机构进行比较的隐性标准……家庭以外的儿童看护往往被看作是与家庭相分离的、独立的社会化环境而被进行研究。事实上由于儿童经常往返于家庭和托幼机构之间——每天大部分时间都是如此,因此儿童的养育已经逐渐成为一种合作行为。这两个环境的效果可能是一个累积相加的过程;它们可能是互补的,或者一个环境的某些方面可能比另一个环境的某些方面要好一些或更差一些。因此,要全面理解儿童的发展就需要把两个环境都考虑进来。(P. 11)

在一项关于儿童看护中心的管理特点和儿童发展的研究中,孔托斯(Kontos 1987)发现,家庭背景这一变量可以预测儿童的发展结果,而儿童看护中心的结构特点对儿童的发展没有实质上的影响。戈埃尔曼和彭斯(Goelman and Pence 1982)报道,家庭背景变量在预测加拿大儿童的语言发展上比儿童看护中心的质量这一变量的作用更强,但是,家庭照顾的质量这一变量对儿童的语言发展具有明显的可预测性。

克拉克－斯图尔德(1982)也指出,在差异被消除之后,儿童的能力与儿童看护中心的特点(如班级的构成和看护者的特点)之间的联系就会明显减弱。但是,在百慕大研究(Mc Cartney 1984, Phillips et al. 1987)中,虽然在统计上消除了父母的儿童养育观的影响,但是儿童看护中心质量的重要影响仍然存在。

豪斯和奥林尼奇(Howes and Olenick 1986)发现,让孩子进低质量的看护中心的家庭,比让孩子进高质量的看护中心的家庭的生活更复杂,所面临的压力也更大。而且,低质量看护中心的父母和照料者都很少参与儿童的活动或花费很多时间和精力以确保孩子遵从他们的要求。对儿童看护中心和家庭影响的综合分析,比只考虑其中一个方面的因素的分析,更能预测儿童的发展(如女孩的顺从、男孩对任务的抵抗等)。

瑞典的一项纵向研究(Cochran 1977, Gunnerson 1978, Cochran and Robinson 1983)考察了家庭内的和家庭以外的两种儿童看护环境中的结构和

过程变量的相互作用。下列这些相互作用的变量深刻影响着儿童的发展：(a)儿童看护的结构变量(例如看护的类型)；(b)儿童看护的过程变量(与照料者和同伴的社会性互动)；(c)家庭过程变量(与母亲的社会性互动)；(d)家庭结构变量(母亲的婚姻地位)；(e)儿童的性别。科克伦和罗宾逊(Cochran and Robinson 1983)总结道：

> 虽然以往的研究倾向于把日托中心看作是影响幼儿生活的一种独立的、有因果关系的变量……但是，最好是把托幼机构的经验界定为一种干预变量。这一变量一方面影响了某些家庭类型(双职工父母、单亲父母)，另一方面也影响了儿童长期的发展结果。(P.61)

今后的研究一方面应该关注家庭背景和经验或发展性的或学习结果之间的中介变量；另一方面，也应当关注看护者的行为与儿童的发展或学习结果之间的中介变量。见图4。

埃弗森及其同事(Everson 1981，Everson et al. 1984)的研究解释了图4所描述的模式。他们研究了母亲对使用家庭以外的儿童看护的积极或消极的态度对幼儿适应家庭以外的看护(包括儿童看护中心或家庭托儿照顾)的中介作用。研究发现，在儿童进入托幼机构5个月后，母亲的态度和实际采用何种类型的儿童看护之间的一致性能够明显地预测儿童的适应情况。依赖于托幼机构的看护但对它并不满意的母亲、对托幼机构满意但并不经常送孩子去的母亲(所谓"不"一致的母亲)的孩子都更容易感受到挫折，在母亲离开时表现出更多的悲伤情绪，在游戏时也较少遵从母亲的要求。对托幼机构的态度和行为不一致的母亲也更容易对孩子生气、缺乏耐心。

进入看护机构10个月后，母亲的态度一行为的一致性不再是问题。母亲的态度可以预测儿童的行为。与那些持消极态度的母亲相比，那些对托幼机构持积极态度的母亲的孩子较少与成人合作、更不顺从母亲，对解决问题的任务缺乏解决方法，而不管她们的孩子是不是在托幼机构都是这样。埃弗森等人(1984 P.90－91)认为"日托中心的特殊效果可能在很大程度上取决于母亲的态度"以及家庭的其他特点。

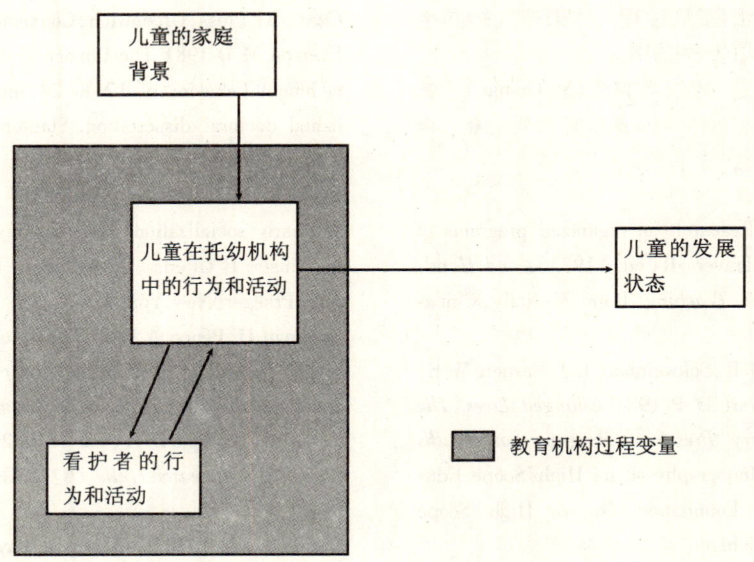

图4 家庭背景与看护者的行为对儿童发展的影响模式

5. 结论

以上我们回顾了关于托幼机构教育的三次研究热潮。第一次研究热潮主要集中于对托幼机构教育效果的评价上,主要是由美国的研究者进行的。研究表明,幼儿园的教育干预有长期的积极效果。在这一次研究热潮中,也包括了发展中国家的早期干预。尽管发展中国家的早期干预存在着方法上的不足,但也可以看到这种干预是有效的。

鉴于早期干预对儿童发展的重要影响以及发达国家与发展中国家中影响儿童发展的各种复杂因素,强调相互作用的生态学框架似乎是一个很重要的观点。关键在于要弄清楚托幼机构的教育干预在儿童的社会环境中是怎样与其他影响因素相互作用的。

第二次研究热潮主要是对各种学前教育模式的比较评价,目前仍无定论。这些研究的主要不足在于混淆了课程内容、活动、材料和教学实践,其结果是即使这些评价研究得出了一致的结果,但仍不能解释某一具体模式是如何达到其特定效果的。因此,在当前的第三次研究热潮中所进行的多数研究都试图确定在托幼机构中到底发生了什么。

最后,简单介绍了从过程—结果范式转向生态—中介过程范式的一些研究。

M. 克拉何依(M. Crahay) 著
陈 辉 刘 焱 译

附录

Beller K E 1973 Research on organized programs of early education. InTravers R(ed.) 1973*Second Handbook of Research on Teaching*. Rand McNally, Chicago, Illinois

Berrueta-Clement J R, Schweinhart L J, Barnett W S, Epstein A S, Weikart D P 1984 *Changed Lives. The Effects of the Perry Preschool Program on Youths Through Age 19*. Monographs of the High/Scope Educational Research Foundation, No. 8. High Scope Press, Ypsilanti, Michigan

Bronfenbrenner U 1974 *Is Early Intervention Effective*? Office of Child Development, Washington, DC

Bruner J 1980 *Under Five in Britain*, Vol. 1. Oxford Preschool Research Project. Grant McIntyre, London

Caldwell B M 1968 *Preschool Inventory Experimental Edition: 1968 Administration Manual*. Education Testing Service, Princeton, New Jersey

Clarke-Stewart K A 1982 predicting child development from child care forms and features: The Chicago Study. In Phillips D A(ed.) 1982 *Quality in Child Care: What Research Tells Us*? NAEYC, Washington, DC

Clarke-Stewart K A 1987a Daycare forms and features. In: Ainslie R C(ed.) 1987 *Quality Variations in Daycare*. Praeger, New York

Clarke-Stewart K A 1987b In search of consistencies in child care resEarch. In: Phillips D A(ed.) 1987 *Quality in Child Care: What Research Tells Us*? NAEYC, Washington, DC

Cochran M M 1977 A comparison of group day and family childrearing patterns in Sweden. *Child Development* 48(2): 702—707

Cochran M M, Robinson J 1983 Day care, family circumstances and sex differences in children. In: Kilmer S(ed.) 1983 *Advances in Early Education and Day Care*. JAI Press, Greenwich, Connecticut

Everson M D 1981 The impact of day care on the attachment behavior of 12 to 24 month olds. Unpublished doctoral dissertation. Stanford University, Palo Alto, California

Everson M D, Sarnat L, Ambron S R 1984 Day care and early socialization: The role of maternal attitude. In: Ainslie R C(ed.) 1984 *Quality Variations in Daycare*. Praeger, New York

Goelman H, Pence A 1982 Effects of child care, family, and individual characteristic on children's language development: The Victoria Day Care Research Projects. In. Phillips D A(ed.) 1982 *Quality in Child Care: What Research Tells Us*? NAEYC, Washington, D. C.

Gunnerson L 1978 Children in day care and family care in Sweden: A follow-up study. Unpublished Doctoral Dissertation, University of Michigan. Ann Arbor

Howes C, Olenick M 1986 Family and child care influences on toddlers compliance. *Child Dev.* 57(1): 202—216

Kontos S 1987 Day care quality, family background and children's development. Paper presented at the Biennial Meeting of the Society for Research in Child Development, Baltimore, April

Lazar I 1977 *The Persistence of Preschool Effects: Summary Report.* Cornell University, Ithaca, New York

Lazar I, Darlington R 1979 *Lasting Effects After Preschool. Summary Report.* US Department of Health, Education and Welfare, New York

McCartney K 1984 The effect of quality of day care environment on children's language development. *Dev. Psychol.* 20(2): 244—260

McKey R H et al. 1985 *The Impact of Head Start on Children, Families and Communities.* CSR Incorporated, Washington, DC(DHHS No. 85—31193)

Miller L B, Dyer J 1975 Four preschool programs: Their dimensions and effects. *Monographs of the Society for Research in Child Development* 40, Nos. 5—6, Serial No. 162

Miller L, Bizzell R 1983a Long-term effects of four preschool programs: Ninth and tenth grade results. *Child Dev.* 55(4): 1570—1587

Miller L, Bizzell R 1983b Long-term effects of four preschool programs: Sixth, seventh, and eighth grades. *Child Dev.* 54(3): 727—741

Phillips D A, Howes C 1987 Indicators of quality in child care: Review of research. In: Phillips D A(ed.) 1987 *Quality in Child Care: What Research Tells Us?* NAEYC, Washington, DC

Phillips D A, Scarr S, McCartney K 1987 Dimension and effects of child care quality: The Bermuda Study. In Phillips D A(ed.) 1987 *Quality in Child Care: What Research Tells Us?* NAEYC, Washington, DC

Rivlin A M, Timpane P M 1975 Planned variation in education: An assessment. In: Rivlin A M, Timpane P M(eds.) 1975 *Planned Variation in Education: Should We Give Up or Try Harder?* The Brookings Institution, Washington, DC

Ruopp R, Travers J, Glantz F, Coelen C 1979 *Children at the Center: Summary Findings and Their Implications.* Final Report of the National Day Care Study, Vol 1. Office of Human Development Services, Department of Health, Education and Welfare, Washington, DC

Schweinhart L J, Weikart D P 1980 *Young Children Grow Up: The Effects of the Perry Preschool Program on Youths Through Age 15.* Monographs of the High/Scope Educational Research Foundation, No. 7. High/Scope Press, Ypsilanti, Michigan

Smith M S 1975 Evaluation findings in Head Start planned variation. In: Rivlin A M, Timpane P M(eds.) 1975 *Planned Variation in Education: Should we Give Up or Try Harder?* The Brookings Institution, washington, DC

Travers J R, Light R J(eds.) 1982 *Learning for Experience: Evaluating Early Childhood Demonstration Programs.* (Panel on Outcome Measurement in Early Childhood Demonstration Programs. Committee on Child Development Research and Public Policy, Assembly of Behavioral and Social Sciences, National Research Council) National Academy Press, Washington, DC

Weikart D P, Epstein A S, Schweinhart L, Bond J T 1978 *The Ypsilanti Preschool Curriculum Demonstration Project.* Monographs of the High/Scope Educational Foundation, No. 4. High/Scope Press, Ypsilanti, Michigan

早期干预(Early Childhood Interventions)

早期干预是世界各国教育和社会福利系统的组成部分。本词条讨论了自20世纪80年代初以来在第三世界国家发展起来的一些早期干预模式，以及在90年代初才为人所知的、如何为幼儿提供有效的干预方案的问题。此外，本词条还提出了一些仍有待于研究的问题。

对概念的澄清是非常有必要的。说起“早期

干预”很多人可能就会联想到强调儿童的教育问题的幼儿园的课室。但是，对于儿童来说，除了他们对于教育的需要之外，还有其他一些更为重要的东西。因此，把“早期干预”理解为与儿童的“发展”有关的事更为恰当，因为这个术语所定义的是影响儿童各个方面[包括身体的、心智的或认知的（思考、推理、解决问题的能力）、社会性的、情感的、精神的等]发展的一种互动过程。同样重要的是，儿童不仅受到他/她周围环境的影响，而且他/她本身也在影响着周围的环境。因此，任何早期干预方案必须考虑到它对儿童各方面发展所产生的影响，同时要与幼儿生活于其中的社会环境背景相一致。为了表达这种更为宽泛的“早期干预”的概念，在幼儿教育领域中，一个术语正得到越来越普遍的使用，这就是“幼儿的照料与发展”（early childhood care and development，ECCD）。这个术语将有助于我们重视儿童的全面发展。早期儿童教育（early childhood provision）概念的被扩展，正是20世纪80年代初以来该领域所取得的许多成就之一。其他的一些例子将在下文中提及。

1. 成就

1.1 国际社会对托幼机构教育的重视与日俱增

虽然长期以来幼儿教育工作者和教育心理学家一直在呼吁要重视早期儿童发展的需要，但是他们一直没有能够引起国家或国际社会对这个问题的关注。对托幼机构教育质量的经济学分析才使决策者关注到这个问题。这些分析表明：就生产力的提高、成本的节约、投资回报率而言，对早期教育的投资具有长远的社会效益。

在美国进行的一些长期的追踪研究已经取得了令人印象非常深刻的数据（Schweinhart and Weikart 1980，Berrueta-Clement et al. 1984）。在第三世界国家也正在开展一些中期研究（3～5年）。虽然我们还没有获得所有发展中国家的研究结果，但是从拉丁美洲和亚洲国家的一些研究中可以概括出一些结果（Halpern and Myers 1985）。总结这些研究，我们可以得出如下结论：

（a）从早期干预和儿童在学校的表现的相互关系来看，早期干预对儿童入学的可能性、最初的适应（反映在留级和辍学的比率上）、小学低年级的学业成就等有着积极的影响。早期干预的效果主要表现在入学年龄的提前、入学准备性的提高（反映在智力和社会性发展测验成绩上）、身体健康和精力水平的改善等综合性的指标上（Halpern and Myers 1985）。此外，父母教育、父母期望的改变、父母的自信心和自我评价的改善等，对于改进儿童在学校的表现也具有重要的作用（Myers 1988）。

（b）越来越多的证据表明学前教育有助于解决社会的公平问题（Myers 1988）。不利于心理和社会性的健康发展的社会经济环境对穷人的影响远远大于它对富人的影响。因此，贫困儿童的入学率远远低于同龄的富家子弟；随着时间的推移，这两个不同群体在学业和社会性发展上的差距也在不断地加大。而且，性别歧视和社会阶层歧视依然存在。许多研究都证实了早期教育对于女童特殊的重要性。对印度一项儿童发展综合服务项目（the Integrated Child Development Services，ICDS）的评估表明：与没有加入该服务项目的幼儿相比，加入该项目的女童和低社会阶层的幼儿更有可能进入小学，辍学率也较低（Lal and Wati 1986）。

（c）就父母和社区发展而言，对于一些旨在为低收入家庭提供服务、试图整合健康、营养与教育、有一定形式的社区参与、非正规（在公共学校系统之外的）的早期干预项目的研究表明：干预的价值得到了扩展而不只是局限于幼儿身上（Myers and Hertenberg 1987 P. 35）。早期干预的提供者（教师、看护者等）以及社区等都能从这些项目中获益。因此，仅仅关注幼儿的教育问题会极大地限制投资托幼机构教育可能产生的价值。

众所周知，虽然对儿童入学前教育的投资有助于优化儿童的小学学习经验，但是小学是否为继续支持儿童的学习做好了准备？这是新近提出来的一个问题。在许多第三世界国家，小学教育的状况不容乐观：每个班有40～60名儿童、缺乏教学辅助手段、教师待遇低、教师缺乏工作动机、课程以教师为中心、学生接受的是机械训练等等，这些情况导致了较高的留级率和辍学率。

人们并没有因此而走向极端：不能因小学没有为接纳儿童做好充分的准备就不重视对学前教育的投入。迈耶尔（Myers 1988）总结道：

> 入学、在校的表现和进步不仅受到儿童在入学时的认知和社会性发展特点的影响，而且也受到学校教育的可获得性和质量的影响。这两者中的任何一个或两者一起都能促进或阻碍儿童成功地入学、对学校的适应、进步和成就……因此，应该把关于早期干预的决策和小学教育的改善问题综合起来考虑，而不是把它们割裂开来。（P.2～3）

人们日益意识到，不仅要重视托幼机构教育是否为幼儿做好了入学准备的问题，也必须有能力去评价学校是否做好了准备来接受这些儿童。

1.2　政府和国际援助机构的支持加强

自20世纪80年代初以来，第三世界国家的政府已经制定了一些政策来支持幼儿的照料与发展（ECCD），甚至把为幼儿及其家庭提供的托幼机构教育放在国家政策优先考虑的地位。在这一方面，印度已经走在了前列。早在1972年，印度就提出了名为“儿童发展综合服务”（ICDS）的国家项目蓝图。到1992年，参加这一项目的儿童已多达1 200万名。尽管该项目面临着任何一个大的系统都会遇到的诸多困难，然而强大的政治意志要求提供一系列服务以保证出生到6岁儿童的健康、营养和教育，同时也满足妇女抚养儿童的需要。

幼儿的照料和发展问题正成为捐助机构优先考虑的问题。1983年，联合国儿童发展基金会通过了儿童生存和发展决议，从这个题目中，儿童发展领域中的从业人员看到了决策者已经意识到了儿童的生存与发展之间的相互关系。事实上，工作重点在于增加“一系列干预以显著改善儿童的健康状况，从而降低婴幼儿的死亡率”（联合国儿童基金会1987 P.3）。目前，在改善儿童的生存条件方面已经取得了巨大进步。在儿童能够生存下来后，必然要关注他们的生活质量问题（联合国儿童基金会1989）。

其他一些多边援助机构开始重视儿童的全面发展问题。一些国际机构和双边合作的政府机构开始投资于托幼机构教育，其中世界银行与印度政府合作开发了一个项目以增强儿童发展综合服务系统（ICDS），并采取一定的措施来支持哥伦比亚、巴西、委内瑞拉、智利、厄瓜多尔以及墨西哥等国家的主要的儿童照料项目。

1.3　第三世界国家的早期干预模式

几乎所有为3～6岁儿童提供的托幼机构教育方案都努力做到文化适宜，尤其在课程和幼儿所使用的材料上更是如此。有一些方案具有坚实的理论基础，而其他一些方案则主要以本国盛行的小学教育的模式为基础；一些方案非常著名，有文献记载，并得到推广；有的则名不见经传。许多模式都有高水平的父母参与或社区基础。一些模式甚至成功地整合了世俗的学习和传统的宗教文化活动。由于选择的多样性以及关于学习和教育目的的观念、价值观和看法等的限制，至少在目前还不可能开发出真正“创新”的模式。更多地关注已经形成的模式的有效性，并确定哪些是值得推广的模式，更可能使我们从中受益。

1.4　综合性的托幼机构教育

研究表明，最有效的托幼机构教育整合了健康、教育、营养、社会经济的发展等各方面的因素。

儿童的营养状况和基本的健康状况在出生以前就已经确立。如果这个时候出现问题，就会形成一个恶性循环态势，从而导致更为糟糕的状况出现。在学前阶段儿童的健康、营养和心理社会发展之间的相互影响，无论是消极的还是积极的，都将在学校教育阶段明显地表现出来。

在一个考察营养与教育成就的关系的研究中，波利特（Pollitt 1984）指出“婴幼儿阶段的营养不良可能会导致学校教育阶段的学业失败”（P.7）。波利特也考察了一些试图在儿童早期阶段通过补充营养来改善儿童以后的学业成就的一些干预项目的效果，发现这些干预项目的结果令人失望。波利特指出，“在早期阶段所实施的单方面的营养补充干预方案，对于因在早期阶段长期的营养不良而导致的智力缺陷的治疗或预防效果是值得怀疑的”（P.31）。

波利特的考察表明综合性的方案才是最有效的。20世纪70年代初，在哥伦比亚的卡利曾实施了这样一个干预项目：根据儿童参加干预项目时的年龄以及所接受的干预内容提供不同的经验（例如为家庭补充食物、定期的健康检查、全日制的儿童保教服务、一些父母教育等）。那些接受了全部干预服务的儿童在健康、营养状况以及学业成绩等方面都有较好的发展结果。在对卡利项目以及其他类似项目进行了回顾之后，波利特总结到，“显然……与单方面的营养干预项目相比，综合干预项目在合理的膳食以外增添了教育和健康服务的内容，这种项目更为成功”（1984 P. 26）。

许多研究都说明了综合性的早期干预方案的效果，我们所引用的仅是其中的一个。到 20 世纪 90 年代，已经没有人会支持单方面因素的干预项目，综合性的服务被看作是包治百病的灵丹妙药。但是，认为只存在一种综合性的模式是不切实际的：在不同情境中，它有着不同的含义。在某种情境中实施某个项目时，参与该项目的所有部门都应就综合的含义达成共识，这是一个很大的挑战。通过分析这些经验，我们能够更清楚地理解不同的综合模式所具有的作用。

1.5 为年龄较小的婴儿提供的干预

亨特（Hunt 1961）为发展早期教育提供了早期的理论基础。他指出在生命的最初三年中，儿童学习的速度要比其他任何年龄阶段都要快得多。布卢姆（Bloom 1964）也认为，生命的早期为以后的学习提供了必要的基础。这些开创性的观点为研究儿童的早期经验和他们将来的发展之间的关系提供了基础。一种观点认为，越早开始干预，干预的效果越好。波利特发现，与年龄较大的儿童相比，年龄较小的儿童在综合性干预方案中（涉及营养、健康和教育等方面的需要）获益更大（Pollitt 1984）。这清楚地表明，有必要发展那些为年龄更小的（即 3 岁以下的）儿童提供干预的方案。

不幸的是，早期干预往往基于这样的假设，即只有那些家庭处境贫穷或存在缺陷的幼儿才需要家庭之外的干预。20 世纪 90 年代初，越来越多的人强调应借助家庭的力量来建立干预方案，没有必要在家庭之外为婴幼儿提供适宜的保育和教育。总之，挑战在于根据预期的益处、应当参与进来的各个方面的力量、家庭和家庭以外的机构所能和所应该提供的帮助来为 3 岁以下的婴儿设计适宜的干预方案。

1.6 有关妇女的干预方案

越来越多的证据表明：鉴于妇女的需要和幼儿的需要具有交叉性和交互性，为其中一方提供的方案不能和另一方毫不相干。

20 世纪 60 年代中期，妇女对于社会发展的作用已经受到重视，出现了一些干预方案以促进妇女（作为生产者的角色）对社会发展的参与。但是，妇女在家庭内部所扮演的再生产的角色依然没有受到重视。20 世纪 90 年代初期，妇女在家庭和社区中的生产和再生产工作的重要性逐渐得到认可和尊重，人们认识到这种双重角色耗费了一个妇女的大量时间和精力。人们也逐渐认识到，妇女需要在照料子女和家庭方面获得支持，才能更好地参与社会发展（Evans 1985）。

传统上，妇女在抚养子女时能够向大家庭中的成员寻求帮助。但是，由于移民以及工作模式的改变，传统的家庭模式也发生了变化，这意味着妇女在抚养子女时无法得到大家庭中成员的帮助。

社会模式的变革需要新的照料看护儿童的形式。例如，可以在工作场所提供儿童照料看护服务。印度的流动摇篮方案在建筑工地为 6 周到 12 岁的儿童设立了托儿所，这个方案也包括了健康、营养、教育以及父母教育等内容。当女建筑工人从一个地方转移到另一个地方时，她们的孩子也从一家托儿所转移到另一家托儿所。托儿所是由非政府机构经营的，有关地皮和材料的资金则是由承包商提供的。

在厄瓜多尔和委内瑞拉形成了有效的社区儿童照料系统。尼泊尔的一些村庄则创造了妇女轮流看护照料幼儿的合作形式。在许多国家都有临时看护中心，为临时需要儿童看护服务的非全职工作的妇女提供临时的儿童看护服务。所有这些例子都表明，儿童的看护服务正随着人们对于妇女与儿童的需要的认识提高而处于不断发展之中。

虽然高质量的儿童看护服务可以使儿童受益，但是资料表明对妇女的直接干预对儿童的发展也会有积极影响（Anderson 1988 P. 5）。恩格尔（Engle 1986）在她的一项研究综述中发现，母亲积极的自我认同、对所处文化的了解以及关于子女教育问题的实践知识等都是影响儿童身心健康发展的因素。其他一些研究表明,妇女的受教育水平(Levine 1980)、挣钱的能力(Leslie and Paolisso 1989)等对儿童的健康和教育状况也有积极影响。总之,关注母亲的需要对于儿童有多方面的好处。

2. 总结

在20世纪80年代,人们对幼儿及其家庭的需要有了更为深入的认识和理解。关于早期教育经济效益的说服力极强的讨论,使许多政策制定者相信为婴幼儿提供早期教育的重要性和必要性。而且,人们也逐渐认识到儿童的健康、社会性情感和认知需要之间是相互作用的,并且设计了一些适宜的干预方案来满足儿童的这些需要。在这个领域取得的成就越大,取得更大成就和进一步研究学习的需要就越明显。我们的前方还面临着大量的挑战:

(a)既然高质量的早期教育能够产生可观的经济效益,那么要获得这种理想的结果需要什么样的资源,这是一个尚待进一步认识的问题;同时也需要勇气来倡导这些资源的开发。

(b)既然我们能够形成和实施高质量的托幼机构教育方案,那么,我们也就有可能把我们在学前教育阶段获得的经验应用到小学教育中以提高小学教育的质量,使投资能够产生充分的效益。

(c)既然早期学习与后续学习之间存在着密切关系,这就需要我们对教育方案所形成的背景有清楚的认识,从而使我们所设计的教育方案具有连续性,使儿童能够顺利地从一个教育阶段过渡到下一个教育阶段。

(d)既然政府和各种援助机构都有兴趣来制定政策以支持日益增长的对于早期教育的投资,那么就有必要为他们提供技术支持以帮助他们把政策转化为具有可行性的高质量的早期教育方案。

(e)既然存在着多样化的早期干预模式,那么就需要评估它们的效度,推广那些高质量的模式,放弃那些不适宜的做法。

(f)既然综合性的服务才具有价值,那么就需要支持那些为幼儿及其家庭提供的综合服务的不同模式的发展,并评估每种模式的有效性。

(g)既然早期经验对于儿童后续的发展具有重要意义,那么就需要支持那些为0~3岁幼儿提供的灵活且适宜的干预模式的发展并对它们进行评估。

(h)既然妇女和儿童之间存在着相互依赖的关系,那么就需要为发展能够满足他们共同需要的干预方案提供支持。

(i)既然不同群体可能带来不同的资源,那么就需要进一步促进私人和公共部门之间的大力合作,创造和推广那些具有创新性的保育和教育模式。

L. L. 埃文斯(J. L. Evans) 著
刘 焱 袁忠英 译

附录

Anderson J 1988 Child care and the advancement of women. Paper prepared for the Expert Group Meeting on Social Support Measures for the Advancement of Women, Vienna

Berrueta-Clement J, Schweinhart L, Barnett W, Epstein A, Weikart D P 1984 *Changed Lives: The Effects of the Perry Preschool Program on Youths through Age 19.* High/Scope Press, Ypsilanti, Michigan

Bloom B 1964 *Stability and Change in Human Characteristics.* Wiley, New York

Engle P 1986 The intersecting needs of working mothers and their young children: 1980—1985. Paper presented to the meeting on Women, Work and Childcare in the Third World, Washington, DC

Evans J L 1985 Improving program actions to meet the intersecting needs of women and children in developing countries: A policy and program review. Paper prepared for the Consultative Group on Early Childhood Care and Development

Halpern R, Myers R 1985 *Effects of Early Childhood Intervention on Primary School Progress and Performance in the Developing Countries.* High/Scope Press, Ypsilanti, Michigan

Hunt J McV 1961 *Intelligence and Experience.* Ronald Press, New York

Lal S, Wati R 1986 Nonformal preschool education—An effort to enhance school enrollment. Paper prepared for the National Conference on Research on ICDS, National Institute for Public Cooperation in Child Development, New Delhi

Leslie J, Paolisso M (eds.) 1989 *Women, Work and Child Welfare in the Third World.* American Association for the Advancement of Science and Westview Press, Boulder, Colorado

Levine R 1980 Influences of women's schooling on maternal behavior in the third world. *Comp. Educ. Rev.* 24 (2): S78—S105

Myers R G 1988 Effects of early childhood intervention on primary school progress and performance in the developing countries: An update. Paper presented at a seminar on the importance of nutrition and early stimulation for the education of children in the Third World, Stockholm and High/Scope Educational Research Foundation, Ypsilanti, Michigan (Mimeo)

Myers R G, Hertenberg R 1987 *The Eleven who Survive: Toward a Re-examination of Early Childhood Development Program Options and Costs.* Education and Training Series. World Bank, Report No. EDT69, Washington, DC

Pollitt E 1984 *Nutrition and Educational Achievement.* UNESCO Nutrition Education Series: Issue 9. UNESCO Paris

Schweinhart L J, Weikart D P 1980 *Young Children Grow Up: The Effects of the Perry Preschool Program on Youths through Age* 15. High/Scope Press, Ypsilanti, Michigan

UNICEF 1987 *Progress Review of the Child Survival and Development Revolution 1983—1986.* UNICEF, New York

UNICEF 1989 *Strategies for Children in the 1990s.* A UNICEF Policy Review. UNICEF, New York

其他参考文献

Myers R G 1992 *The Twelve who Survive: Strengthening Programs of Early Childhood Development in the Third World.* Routledge in cooperation with UNESCO, New York

学前教育教师的培训(Early Childhood Personnel, Preparation of)

学前教育是指对0~8岁儿童进行的教育。幼儿教师是在各种机构中负责教育这些儿童的人。这些机构包括小学的低年级(1~3年级)、学前班和幼儿园(包括幼儿学校、儿童看护中心和其他收托不到入学年龄幼儿的机构)。

由于在许多地方,学前教育只包括上述年龄范围的部分阶段,因此对这些教师及其培训的描述就变得非常复杂。一些教师教8岁的儿童,接受与他们的工作相关的培训;另一些教师则教5~8岁的儿童;有的则教3~5岁或6岁的儿童。学前教育机构的界定也存在很大差异。在美国,kindergarten(学前班)一般是指为5岁儿童提供教育的机构,一般附属于小学。在其他国家,kindergarten(幼儿园)则服务于3~5岁或6岁儿童。在澳大利亚,甚至在州和州之间也是不同的:新南威尔士的kindergarten与美国的学前班相似。在南澳大利亚,这种学前班则被称为reception class,它是收托4岁儿童的独立机构;但是在昆士兰,招收4岁儿童的则是幼儿学校(preschool),而kindergartens只招收3岁儿童。

一些托幼机构把自己看作是教育性的机构,但另一些托幼机构则认为自己主要提供的是儿童看护。虽然不同的机构的侧重点有所不同,但是实际上所有的托幼机构都既具有教育功能,又具有儿童看护功能。

对幼儿教师的资格要求不仅在不同的国家和地区不同,即使在同一个国家或同一个州内,不同机构也有不同规定。此外,幼儿教师也并非是在同一培训机构接受同样水平的培训的。例如在美国,公立学校的教师通常要在四年制学院和大学里接受培训,而且至少要获得一个学士学位。私立幼儿学校和儿童看护中心的教师则可能在社区学院或三年制学院受训,至多需要有两年的专科学历。实际上，许多儿童看护中心的教师可能只需要基本的上岗培训（Powell and Dunn 1990）。

在一些国家，如日本和韩国，两年和四年学制的毕业生都有资格成为幼儿园教师，其中以两年制学院的毕业生为主（Saracho and Spodek 1990）。许多国家，包括英格兰、澳大利亚和以色列，已经把幼儿教师培训课程从两年或三年制扩展到四年制学士学位课程。再如中华人民共和国正在发展一些中专课程，幼儿园教师的培训由与高中平行的正规学校提供（Spodek 1988）。幼儿教师所需要的培训水平以及他们工作的环境条件与该领域的专业化问题息息相关。

1. 作为一种职业的学前教育

“专业”或“专业化的”一词最早是指“精通某门学问的职业”，如法律、医药和牧师。这些职业都需要在文科或科学方面接受较高水平的培训，通常涉及脑力劳动而非体力劳动。由于教书、社会工作和护理等仅需要较少的培训，而且社会地位较低，所以被看作是“半专业化的”。然而，许多实践工作者都认为教书——尤其是学前教育——应该成为更为专业化的领域。还有一些人则认为技工模式可能更适合这一领域。他们认为这一领域既不科学也不系统，只代表着一种个体化的、表达性的实践过程（Spodek et al. 1988）。凯兹（Katz 1988）在对学前教育领域进行分析时，确定了作为专业化的职业应当具备的八个特点：（a）对于社会的根本必要性；（b）内在固有的利他动机；（c）实践者具有很高的自主性；（d）有职业道德规范；（e）实践者与所服务的对象在一定程度上是分离的；（f）有实践标准；（g）新成员必须经过长期的训练；（h）有作为实践基础的专业化知识。凯兹指出，学前教育工作者必须就这一领域的专业化实践原则达成共识。

1977 年，美国劳动部制订的《职业名称辞典》对日托看护中心和幼儿园的工作人员给予了很低的技能水平评价，这种事实否认了学前教育是一个专业化的职业领域。但是，从事学前教育工作的确需要一定的知识基础。学前教育领域与其他教育领域和儿童发展领域的密切联系表明，学前教育在一定程度上可以被看作是一种专业。此外，公立学校和非公立的托幼机构中的幼儿教师都具有相当高的教育水平（Bloom 1992）。

也许考虑到学前教育领域内存在着专业化的多种水平是最好的。全美幼儿教育协会（NAEYC 1984）通过了一项正式声明，该声明划分了学前教育领域中的 4 种专业化的水平：（a）教师助手：不需要任何职前培训；（b）助理教师：需要有儿童发展的专科证书，或需要有学前教育或儿童发展方面的专科学历；（c）幼儿教师：需要具有学前教育或儿童发展方面的学士学位；（d）学前教育专家：需要具有学士学位，同时至少需要有三年的学前教育工作经验/更高一级的学位。每一更高水平的岗位应当拥有更高一级的学位或承担更多的教育幼儿的责任。虽然 NAEYC 目前正在考虑重新修订这一声明，但是这一声明确实有助于确定学前教育的从业人员所应该担负的责任及所需的相应水平的培训。

范德温（Vander Ven 1988）从发展的观点考察了学前教育的专业化。她提出了 5 种专业化的水平：（a）初学者；（b）初期实践者；（c）有知识的实践者；（d）复合型实践者；（e）具有影响力的实践者。每一水平的确定不仅取决于实践者的专业化水平和专业化发展的阶段，还依赖于实践者的角色和在实践中发挥的作用、所接受的培训的水平和实践的方向。

2. 教师教育

许多学前教育工作者在进入该领域之前并没有接受过任何相关的正规培训。在许多情况下，他们在被雇佣后所接受的在职培训实际上具有职前培训的功能（Powell and Dunn 1990）。在一些发展中国家，如牙买加，就有人提出，在职培训应该起到职前培训的作用（Grant 1982）。但是，大多数国家都提出、甚至要求，教师在初次上岗之前就应该接受一定的教师培训。

关于教师培训的总体效果的研究很少，只有少数研究考察了不同类型的教师培训的结果。在儿童看护机构领域进行了一些自然研究，由于这些机构对从业人员的录取标准很低，因此造成了不同从业人员之间在教育和培训水平上的差异。

2.1 教师教育方案的内容

教师教育方案应该为学生提供教育幼儿所需的知识、技能和态度。这些经验来自于相关的研究、理论、伦理道德的考虑和实践的要求。萨拉乔和斯波戴克(Saracho and Spodek 1983)提出了幼儿教师教育方案的6个方面的内容:招生和选拔、普通教育、专业基础、有关教学的知识、实践和教育方案的修订。前5项内容为后面的内容提供了框架。虽然每项内容和它们在全部课程中所占的比例可能有所不同,但所有的教师教育方案都包含上述方面的内容。例如,实践方面的内容在日本和韩国的教师教育方案中只占很小的比例,在美国的幼儿教师教育方案中则占很大的比例。

美国的NAEYC(1982)提出了关于四年制和五年制教师教育方案的指南,它们是全美教师教育认证协会(NCATE)审批幼儿教师教育方案的基础,是对教师教育方案进行质量控制的一种方法。两年制专科学历的培训方案也有类似的指南(NAEYC 1982)。但是,由于没有专门的认证协会来审议这些方案,因而这些指南也只是建议性的。两年制专科学历培训方案在设计上虽然与四年制大学的教育方案相似,但是四年制教师教育方案在普通教育的内容上的比例要远远大于两年制的方案。此外,两年制的方案可能侧重于提供技术性的或实践性更强的内容,而四年制方案则更具有专业化或理论化的倾向。

虽然这里提到的关于教师教育的一些研究直接来自关于幼儿教师教育的研究,但也有一些反映了其他层次教师教育的研究。这些研究成果正在被人们尝试适当地加以运用。在后面,我们将介绍美国的一种幼儿教师教育方案——儿童发展协会方案。这一方案虽然在最初只是一种认证系统,但经过长期修正已经变成了一种在很多方面独具特色的培训方案。

2.2 招生和选拔

关于未来教师的招生和选拔过程是对吸引申请者和判断申请者过程的补充。不同的教师教育方案的选拔程序各有不同,有的采取开放性招生,有的则应用严格标准进行筛选。托幼机构的质量和特征主要取决于该机构中教师的素质和特征。其中一些特征,如教师的个性特点,可能成为选拔未来教师的标准。重要的个性特征有:温和、热情和认真的态度(Ryans 1960);耐心、成熟、精力充沛、责任心、创造性的教学及提供游戏材料(Almy 1975);灵活、温和、能够喜欢并鼓励儿童(Katz 1969)以及能够计划和反思、容忍不确定性和正确认识儿童并采取正确的教学策略(Clark 1988)。这些特征虽然很重要,但是却很少被培养未来教师的机构所采用。收集这些方面的信息需要进行面试和观察,因而代价极高。此外,对这些特征的判断在本质上具有主观性,可能受到落选者的质疑。

大多数四年制教师教育机构一般会通过运用高中阶段测验用的成就测验来选择学生(Lewin et al. 1977)。这些资格与成功的教学之间的关系不大,而且标准也不一样。师资短缺时,对教师候选人的评价就不是很仔细,而且也降低了选择标准(Applegate 1987)。两年制专科学历方案的入学程序一般与四年制本科方案的入学程序相似,但入学标准通常要低一些。一些两年制方案实施"开放性入学"政策,接受所有具有高中学历的学生。所有方案都有一些"滚动选拔"过程,只有成功地完成前面的方案,才可能进入下一阶段的学习。

鲍曼(Bowman 1990)指出,在美国,来自社会少数族群的教师的数量正在减少。这一方面是由于通过大学入学考试的少数族群的学生在减少,另一方面也是因为来自少数族群的个体在教师选拔测试上的成绩比较低。一些教育者建议改变入学测试标准,以鼓励教师教育方案学习者的族群多元性。为了保持族群或社会经济方面的平衡,是否应该制定不同的选拔标准仍然是一个有争议的问题。

2.3 普通教育

无论是在四年制还是两年制的培训方案中,普通教育都是所有教师教育方案的基础内容。普通教育可以为未来的教师提供社会文化方面的坚实基础和基本的学科知识结构。预备教师必须了解某一特定社会的文化,以便成为该社会的一分子,并对教授该社会文化而感到愉快。1985年在印度巴洛达召开了亚洲区域会议,讨论了学前教育从业人员的培训问题,会上提出的建议和结论就解释了这种需要。其中的一项结论和建议提出，培训方案要帮助受训者树立基本的人文主义价值观，并能够利用丰富的亚洲文化传统。

普通教育的每一学科都提供了独特的视角、思维风格和观点，对教师教育都具有独特的作用。美国教师教育学院协会（1977）指出，普通教育应包括那些最一般化的研究。在大多数美国大学中，幼儿教师教育中的普通教育包括交流技巧、人文、数学、生物科学、物理科学、社会科学、历史、健康和体育教育等内容。

学前教育的内容来自普通教育，包括语言、社会研究、数学、科学、艺术和人文等方面。这些学科为学前教育的内容提供了基础知识。所以，儿童文学是普通文学的一部分，正如儿童音乐和艺术与普通领域的音乐和艺术有关一样。理解儿童文学或音乐需要了解基本的文学和音乐。这些基本学科有助于我们理解为儿童提供的学习内容的意义和相关性。

2.4 专业基础

专业基础与历史、哲学、社会学、经济学、心理学、政治和人类学等领域有关。这些领域的知识有助于理解教育的基本问题。通过学习基础课程，学生能够重建他们的儿童观、学校观和学科观，结合一个国家的民主理想分析其教育模式，并形成更为人道的社会教育观（Gillett and Laska 1973）。它们能使学生对学校怎样对待不同文化背景的儿童变得更为敏感，也能够帮助学生检查和重视教育系统的目标、理论、价值观、影响和假设（Skinner 1968）。

幼儿教师应该具有广博的教育基础方面的背景知识。作为一名专业人员，他们需要了解学前教育领域的历史和传统，了解儿童成长和发展的原则以及学习理论。作为未来的决策者，他们还需要了解学前教育所处的文化、社会和政治背景等。

儿童发展是学前教育的一个重要的基础领域，幼儿学习的能力和模式在很大程度上取决于他们的发展水平。因此，幼儿教师应该成为儿童发展专家，理解幼儿的发展阶段及前后各阶段发展的本质。为了理解本班幼儿发展的个体差异并对之做出适宜的应答，幼儿教师应了解这些发展模式内部的变化、发展如何发生，发展的前提及不同发展领域之间的相互依赖、相互作用的事实（Peters and Klinzing 1990）。虽然专科学历课程通常提供较少的基础课程，但儿童发展是学生学习的一个重要领域。

2.5 有关教学的知识

有关教学的知识指教师在课堂实践中运用计划和评价的知识，包括教的知识、教学理论和教学方法。具体来说，主要包括下面的教学知识：（a）教学计划的组织、准备和呈现；（b）对儿童及其学习的评价；（c）个体差异的认识；（d）文化意识的形成；（e）对幼儿的理解；（f）教育资源的管理；（g）教育政策和程序的制定（Shulman 1986）。

有关教学的知识既包括内容的知识、教学法的知识，也包括课程的知识。正如前面所提到的，有关内容的知识来自被运用于儿童教育领域的普通教育内容。预备教师要学习新的理论和教学方法以补充和完善传统的课程（Guskey 1986，Joyce and Showers 1982）。预备教师既要学习管理，又要学习学科教育的实践知识，从而获得元认知的能力，这样他们才能在情况发生变化时，在他们的督导的过程中灵活地运用知识。这些都属于教学法知识。课程知识是有关课程内容和课程结构的知识。

麦卡锡（McCarthy 1990）确定了幼儿教师教育方案中的教学法知识的范围和内容，包括教与学的概念（包括前面提到的哲学的、历史的和心理学的基础）；有关家庭、学校和社区的知识；课程设计和传授；健康、营养和安全；评价程序和职业道德等内容。在一些培训方案中，这些关于教学的知识内容由各项课程分别提供。而在另一些培训方案中，这些知识是作为一个整体来提供的。

2.6 实践

教师教育方案的实践内容包括研习会、观摩、模拟、练习和教学实习等。虽然教师教育方案一般都提供观察和教学实习，但可能没有其他形式的实践内容。此外，正如前面所说，教学实践的时间长短也有很大差异。

研习会可以让学生获得实践知识、练习运用不同材料进行教学的技巧并研究这些技巧的效果。课堂观摩可以让学生看到实践中的教师，并把对于实践的观察与理论联系起来。在模拟活动中，学生可以在简单的可控环境中扮演假想的角色。模拟起到了类似实际练习的作用。其假设是:与通过演讲或阅读获得知识相比,在模拟真实情境的环境中,学生能更容易运用他们所学的知识。通过参加学校董事会议、与校领导和教师联合会一起举办的讨论会、与家长和赞助团体成员的会议等活动,可以把初期的实地工作经验与基础课程整合在一起。

实地工作经验能帮助预备教师认识到师生关系的重要性,学会观察不同环境下的儿童,从而使自己表现得更好。不幸的是,实地工作经验也可能对预备教师的态度和行为产生负面影响,如果他们所经历的实地工作经验是负面的,那么他们则可能变得越来越专制、严格、高控制、严厉、冷漠和过度保护,而不是以儿童为中心的、接纳的和人文主义的(Hull et al. 1982,Peck and Tucker 1973,Zeichner 1980)。

教学实习被认为是教师教育中最重要的环节(Bumfield and Leonard 1983)。然而,这一经验可能产生积极的效果,也可能带来消极的影响(Hull et al. 1982,Zeichner 1980)。研究发现,教学实习和实地工作经验存在着一些固有的问题。大学派出的实习督导者和幼儿园的实习指导教师各自的责任并不明确,而且经常交叉重复(Grimmett and Ratzlaff 1986,Applegate and Lasley 1982,1984)。虽然幼儿园方面的实习指导教师对学生的教学实习经验的影响最大,但他们更倾向于实践而不是依靠研究和理论来总结实践。此外,他们的课堂教学可能并不反映教师培训方案的教育观点。

吉玢等人(Giffin et al.)在幼儿园的实习指导教师的反馈中发现,实习指导教师很少评价实习教师的教学行为,很少陈述纠正其行为的原因。他们的讨论主要集中在个别儿童或课堂问题上。费恩曼-尼姆塞和布克曼(Feiman-Nemser and Buchmann 1985)对一名不会发展和扩充教学内容的实习教师进行了个案研究,结果也发现实习指导教师不能给予适宜的反馈。不幸的是,奥尼尔(O'Neal 1983)发现,大学方面派出的督导者的反馈与幼儿园的实习指导教师的反馈是相似的。因此,实习教师可能不能获得关于他们教学实践的适当的反馈。

研究者已经发现了教学实习的许多局限:(a)没有向实习教师呈现一种对教学实践进行严密分析的合作教学的模式;(b)实习指导教师和大学派出的督导者的反馈质量较差;(c)大学派出的督导者没有花充足的时间与实习教师在一起(Saracho)。

也有研究者提出了一些解决这些问题的策略。泽克纳和利斯顿(Zeichner and Liston1987)、科塔根(Korthagen 1985)、罗思和阿德勒(Roth and Adler 1983)认为,一些教师教育方案通过把重点放在实习教师和大学派出的督导者而非幼儿园的实习指导教师身上,创造了一些策略来培养实习教师的反思习惯。卡特(Carter 1987)认为可以通过培训来提高实习指导教师对他们的教学和督导技能的分析能力。伯德(Bird 1984)建议,把教学实习置于更大的学校改革背景之中,因为这种改革背景更强调反思和批判性思考。利特尔(Little 1987)提出,学校应该为实习教师创造条件以便他们能分享理解。学校必须将自己看作是具有反思和自我创新能力的机构。在这样的机构中,实习教师能够逐渐成为其中的一部分并被社会化到这一环境中去。要实现和加强所有受过良好教育和社会化的教师的专业教学技能的目标,还需要更多理想的教学实习地点。

3. 儿童发展协会方案

儿童发展协会(CDA)方案是由39个专业团体组成的联盟在美国儿童发展办公室的资助和支持下于1972年提出的,它主要是为学前教育工作者、尤其是为从事"早期开端"项目的工作人员提供全国性的资格认证。要获得CDA认证,每个候选人要接受6个能力目标下的13个具体领域的评估。这些能力领域包括:(a)创设和维持安全和健康的学习环境;(b)提高儿童的身体和智力能力;(c)帮助儿童建立积极的自我概念和个人能力;(d)在集体学习的环境中组织和维持儿童与成人的积极活动;(e)最佳地协调家庭和儿童看护中心关于儿童养育的实践和期望;(f)承担与儿童发展方案有关的其他后续责任(Child Development Associate Consortium 1977)。

CDA认证最初是用来认证那些在传统的学士学位水平的教师教育方案中不合格或不成功的预备教师的。最初的认证只针对在招收3~5岁儿童的托幼机构(包括有双语教学的机构)中工作的教师。20世纪80年代,认证对象扩展到照料和教育婴儿、学步儿的工作人员和提供家庭日托服务的人员(Peters 1988,Powell and Dunn 1990)。

虽然CDA最初是一个资格认证系统,但是它已经发展出了许多培训方案,这些方案主要是培训实践工作者以使他们达到CDA认证标准。此外,社区学院和一些四年制学院的培训方案都以CDA能力作为自己的教师教育方案。最近,管理CDA认证的学前教育专业认证委员会重新修订了接受认证的程序。他们建议增加CDA认证的可选择模式。其中CDA候选者的一项选择就是可以在正规的教育方案中接受培训。另一项选择是让候选者接受传统的CDA评价。他们也制作了相应的文本和实践材料以便在这些方案中使用(Phillips 1991)。

鲍威尔和邓恩(Powell and Dunn 1990)总结了有关CDA培训对参加者的影响的研究。这些研究建立在自我汇报的基础上。参加CDA培训的教师报告说,他们的自信心在培训期间及培训后都有积极的变化。他们感到培训经验对他们与幼儿、与幼儿父母的交往、与合作者的关系以及与自己的孩子的关系都有积极的影响。参加CDA大学培训方案的人员报告说,他们在工作表现、儿童发展知识、自我价值感和对生活的控制等方面都有了积极改变。CDA接受者倾向于继续学习整个正规课程的内容。因为一些研究已经表明,受过最高水平培训的教师,最可能在他们的职业生涯中寻求更多的培训,这一结论很有意义。在关于工资和晋升方面,研究结果并不一致。没有研究发现儿童的发展结果与教师的CDA培训或认证有关。

4. 员工问题

员工问题不仅与幼儿教师资格认证有关,还关系到工资待遇(包括工资、福利)和工作条件问题。正如前面所提到的,资格认证通常由学前教育机构自己或由管理这些机构的单位来进行。在公共教育中,由国家或州教育局来确定教师的资格。他们可能还需要得到特定的教师培训机构的认可。在许多国家不管是公立的机构还是私立的教育机构都是由这些教育主管部门管理的。在美国、加拿大和德国,州与州之间存在着巨大差异。一些州教育局仅仅负责公共教育部分。

4.1 教师资格

儿童看护者的资格一般是由管理托幼机构的特定部门认定的,而不是由教育局认定的:通常由健康或社会服务部承担这一责任。在美国,一般儿童看护中心的认证标准中都包含着有关人员资格的标准。看护人员的资格一般都包括教师培训和教学经验两个部分,教学经验常常可以替代教师培训。尽管培训可能造成差异,但是研究表明教师的经验与儿童发展的结果之间的关系很小(Howes 1992)。

从事儿童看护的工作人员所需的资格通常要低于从事儿童教育的工作人员,在工资待遇和工作条件上也同样如此。人们往往假设,儿童看护机构中的工作人员不需要什么教育或专业化的培训,但是一些相关研究否定了这一假设。"全美日托中心研究"发现专业化的教育和相关培训和儿童发展的结果之间存在着一定的关系(Vopp et al. 1979)。美国的儿童看护人员计划表明,在儿童看护方面的正规教育和相关培训的水平,一般来说与教师能够与幼儿进行适宜互动的能力之间存在相关(Whitebook et al. 1990)。

事实上,与总人口相比,在美国从事儿童看护工作的教师都接受了良好的教育。一半的助理教师和三分之二的主班教师都受过大学教育。此外,大多数主班教师和园长都获得了学士学位(Bloom 1992)。但是也存在着这样一个事实,即:在20世纪90年代获得学士学位的、从事儿童看护工作的教师的数量要少于80年代(Howes 1992)。

4.2 教师的工资待遇

一般来说,教学被看作是一门专业,然而并不是工资待遇较高的职业。在美国大多数公立教育系统中,学前班的教师、小学教师与其他教育阶段的教师在工资待遇上是一样的。从整体上来说,在美国人们普遍认为所有的教师应当享有单一的工资结构,应当根据培训的水平和工作时间的不同来决定工资的高低,而不应当由教育阶段的不同来决定工资的高低。然而,在公立学校从事儿童看护工作的教师的工资可能要低于具有同样资格的学前班教师(Mitchell et al. 1989)。

无论是在公立还是在私立机构中,从事儿童看护工作的教师的工资都远远低于公立学校中的同行。全美儿童看护人员研究(Whitebook et al. 1990)报道,从事儿童看护工作的教师的平均年薪约为 9 363 美元(5.35 美元/小时)。这一工资水平显著低于教师的总体工资水平。但是,从事儿童看护工作的教师每天和每年的工作时间却相当长。此外,当根据通货膨胀的情况进行调整时,从事儿童看护工作的教师的工资还会下降。该研究总结道,与 10 年前相比,研究进行期间的从事儿童看护工作的教师的收入下降了 20%(Whitebook et al. 1990)。只有一小部分从事儿童看护工作的教师享有其他一些福利待遇,如退休津贴、健康保险、假期和病假等。

4.3 工作条件

幼儿教师的工作条件因托幼机构的归属者(公立学校或非公立学校,公共或私人)、机构的层次(幼儿园、学前班或小学)以及机构的目的(侧重于儿童看护还是侧重于教育)等情况的不同而不同。不同机构在物质环境、教师—儿童比例、工作日程安排、工作时间、专业发展机会和参与决策的机会等方面也不尽相同。此外,在儿童看护中心工作的教师的健康一般更易受到威胁。不良的工作条件可能是他们对工作不满的根源(Bloom 1992)。只有能够满足成人需要的机构才能够提供更高质量的儿童看护(Whitebook et al. 1990)。

5. 结论

就像学前教育是一个多样化的领域一样,幼儿教师也是一个多样化的群体。他们在受培训水平、工作种类、工作环境和教育对象等方面有很大差异。没有一种教育方案能服务于所有儿童;也没有一种类型或水平的教师培训能满足该领域所有从业人员的需要。随着各种类型的学前教育方案的发展,我们需要注意的不仅是增加幼儿教师培训的机会,还要注意提高教师培训的质量和改善教师的工作条件。

不幸的是,学前教育专业领域对教师培训和教学实践的性质的影响极为有限。州教育局在确立教师资格标准时很少倾听学前教育实践工作者的声音。虽然全美学前教育协会已经与 NCATE 合作建立了四年和五年制教师教育方案的认证标准,但这是自愿性的,对整个过程的影响毕竟还是比较小的。此外,由于从事儿童看护工作的教师的资格标准是由州日托中心审批机构制定的,所以还没有适用于专科学历方案的标准(Spodek and Saracho 1990)。

另外,学前教育的实践是否有专门的知识基础作为专业实践的基础仍然是个问题。虽然这种知识基础必须以研究为基础,但是它也必须运用教师所积累的实践知识以及反映儿童发展和教育研究的理论知识。这里收集到的材料仅仅代表着建立这种知识基础的开始,要看到这种基础在将来的扩展还需进一步的努力。

B. 斯波德克(B. Spodek) 著

陈 辉 刘 焱 译

附录

Almy M 1975 *The Early Childhood Educator at Work.* McGraw-Hill, New York

American Association of Colleges for Teacher Education 1977 *Standards and Evaluative Criteria for the Accreditation of Teacher Education: A Draft of the Proposed New Standards with Study Guide.* AACTE, Washington, DC

Applegate J H 1987 Teacher candidate selection: An overview. *J. Teach. Educ.* 38(2):2—6

Applegate J H. Lasley T J 1982 Cooperating teachers' problems with preservice field experience students. *J. Teach. Educ* 33(2):15—18

Applegate J H, Lasley T J 1984 What cooperating teachers expect from preservice field experience students. *Teacher Education* 24:70—82

Bird T 1984 Propositions regarding the analysis and supervision of teaching. Paper presented to the Loveland. Colorado School Administrators' Workshop, Vail, Colorado

Bloom P J 1992 Staffing issues in child care. In:

Spodek B. Saracho O N(eds.)1992

Bowman B 1990 Issues in recruitment. selection and retention of early childhood teachers. In: Spodek B, Saracho O N(eds.)1990

Bumfield R, Leonard R 1983 The student teaching experience: A time to consolidate one's perceptions. *College Student Journal* 17:401—406

Carter K 1987 *University of Arizona Cooperative Teacher Project: An Interin Report to* OERI, Department of Education. University of Arizona, Tucson, Arizona

Child Development Associate Consortium 1977 *Competence Standards.* Child Development Associate Consortium, Washington, DC

Clark C 1988 Asking the right questions about teacher preparation contributions of research on teacher thinking. *Educ. Researcher* 17(2):5—12

Feiman-Nemser S, Buchmann M 1985 On what is learned in student teaching: Appraising the experience. Paper presented at the annual meeting of the American Association for Teacher Education, Chicago, Illinois

Gillett M, Laska J A 1973 Introduction to new directions. In: Laska J A, Gillett M(eds.)1973 *Foundation Studies in Education: Justifications and New Directions.* Scarecrow Press, Metuchen, New Jersey

Grant D R B 1982 *Early Childhood Education: Training, Teacher Training, and Para Professional Teachers.* Bernard van Leer Foundation, Kingston.

Griffin G et al. 1983 *Clinical Preservice Teacher Education: Final Report of a Descriptive Study.* Research and Development Center for Teacher Education, University of Texas, Austin, Texas

Grimmett P, Ratzlaff H 1986 Expectations for the cooperating teacher's role. *J. Teach. Educ.* 37(6):41—50

Guskey T R 1986 Staff development and the process of teacher change. *Educ. Researcher*15(5):5—12

Howes C 1992 Child outcomes of child care programs. In: Spodek B, Saracho O N(eds.)1992

Hull R, Baker R, Kyle J, Good R(eds.)1982*Research on Student Teaching: A Question of Transfer.* University of Oregon, Eugene, Oregon

Joyce B R, Showers B 1982 The coaching of teaching *Educ. Leadership* 40(1):4—8

Katz L G 1969 *Teaching in Preschools: Roles and Goals.* ERIC Clearinghouse on Early Childhood Education, Urbana, Illinois

Katz L G 1988 Early childhood education as a profession. In: Spodek B, Saracho O N, Peters D L(eds.) 1988

Korthagen F 1985 Reflective thinking as a basis for teacher education. Paper presented at the 69th Annual Meeting of the American Educational Research Association, Chicago, Illinois

Lewin et al. 1977 *The State of Teacher Education, 1977.* United States Department of Health, Education and Welfare, Washington, DC

Little J W 1987 Teachers as colleagues. In: Richardson-Koehler V(ed.)1987 *Educators Handbook.* Longman, New York

McCarthy J 1990 The content of early childhood teacher education programs: Pedagogy. In: Spodek B, Saracho O N(eds.)1990

Mitchell A, Seligson M, Marx F 1989 *Early Childhood Programs and the Public Schools: Between Promise and Practice.* Auburn House, New York

National Association for the Education of Young Children(NAEYC)1984 *Position Statement in Nomenclature, Salaries, Benefits, and the Status of the Profession.* NAEYC, Washington, DC

National Association for the Eucation of Young Children 1985 *Guidelines for Early Childhood Education Programs in Associate Degree Granting Institutions.* NAEYC, Washington, DC

O'Neal S 1983 *Supervision of Student Teachers: Feedback and Evaluation.* Research and Development Center for Teacher Education, Austin, Texas

Peck R F, Tucker J A 1973 Research on teacher education. In: Travers R M W(ed.)1973 *Second Handbook of Research on Teaching.* Rand McNally, Chicago, Illinois

Peters D L 1988 The Child Development Associate and the Educationally Disenfranchised. In: Spodek B, Saracho O N, Peters D L(eds.)1988

Peters D L Klinzing D G 1990 The content of early childhood teacher education programs: Child development. In: Spodek B, Saracho O N(eds.)1990

Phillips C B(ed.)1991 *Essentials for Child Development Associates.* Council for Early Childhood Professional Recognition, Washington, DC

Powell D R, Dunn L 1990 Non-baccalaureate teacher education in early childhood education. In: Spodek B, Saracho O N(eds.)1990

Roth R, Adler S 1985 Critical inquiry in teacher preparation. Paper presented at the 69th Annual Meeting of the American Educational Research Assciation, Chicago, Illinois.

Ryans D G 1960 *Characteristics of Teachers: Their Description, Comparison and Approval.* American Council on Education, Washington, DC

Saracho O N in press Preparing teachers for early childhood programs in the United States. In: Spodek B (ed.) in press *Handbook of Research on the Education of Young Children.* Macmillan, New York

Saracho O N, Spodek B 1983 Preparing teachers for bilingual/multicultural classrooms. In: Saracho O N, Spodek B(eds.)1983 *Understanding the Multicultural Experience in Early Childhood Education.* National Association for the Education of Young Children, Washington, DC

Saracho O N, Spodek B 1990 Early childhood teacher preparation in cross-cultural perspective. In: Spodek B, Saracho O N(eds.)1990

Shulman L S 1986 Those who understand: Knowledge growth in teaching. *Educ. Researcher* 15(2):4—14

Skinner A F 1968 Teacher training and the foundational studies. *Teacher Education*19(1):26—38

Spodek B 1988 Reform of Chinese kindergartens: The preparation of kindergarten teachers. *Early Child Development and Care* 38:103—117

Spodek B, Saracho O N 1990 Preparing early childhood teachers for the twenty-first century: A look to the future. In: Spodek B, Saracho O N(eds.)1990

Spodek B, Saracho O N, Peters D L 1988 Professionalism, semiprofessionalism, and craftsmanship. In: Spodek B, Saracho O N, Peters D L(eds.)1988

Vander Ven K 1988 Pathways to professional effectiveness for early childhood educators. In: Spodek B, Saracho O N, Peters D L(eds.)1988

Vopp R, Travers J, Glantz F, Coelen C 1979 *Children at the Center: Final Report of the National Day Care Study.* Abt Associates, Cambridge, Massachusetts

Whitebook M, Howes C, Phillips D 1990 *Who Cares: Child Care Teachers and the Quality of Care in America.* Child Care Employee Project, Oakland, California

Zeichner K M 1980 Myths and realities: Field-based experiences in pre-service teacher education. *J. Teach. Educ.* 31(6):45—55

Zeichner K M, Liston D P 1987 Teaching student teachers to reflect. *Harv. Educ. Rev.* 57(1):23—48

其他参考文献

Spodek B, Saracho O N(eds.)1990 *Early Childhood Teacher Preparation Yearbook in Early Childhood Education*) Vol. 1. Teachers College Press, New York

Spodek B, Saracho O N(eds.)1992 *Issues in Child Care: Yearbook in Early Childhood Education*, Vol. 3. Teachers College Press, New York

Spodek B, Saracho O N, Peters D L(eds.) 1988*Professionalism and the Early Childhood Practitioner.* Teachers College Press, New York

Verma A, Misstry V, Mehrotra(eds.)1985 Training of early childhood care and education personnel: Report of the OMEP Asian Seminar, Baroda

生成性读写(Emergent Literacy)

生成性读写是指儿童在学习正规的阅读和书写之前发生的阅读和书写行为。20 世纪七八十年代,有关生成性读写的研究迅速增多。在此之前,人们谈论得更多的是阅读准备而非生成性读写。阅读准备观认为，儿童在学习阅读和写作之前需要掌握很多非读写的技能和行为。例如，口头语言的发展被认为是语言发展的基础阶段，而书面语言的发展则被认为是语言发展的第二个阶段（Mattingly 1979）。人们没有认识到口头语言和书面语言是同时发展的，也没有认识到书面语言早在幼儿期就已经开始出现和发展起来。“生成性读写”一词反映了这样一种观点，即书面语言的发展并不是随着口头语言、社会性或身体运动的发展而发展的，也并不是在儿童晚期（例如，在 7 岁正式上学时）才出现的。实际上，它出现的时间非常早，通常是 2 岁左右（Fertelson and GoldStein 1986）。

本词条将描述不同类型的生成性读写行为以及这些行为在幼儿期的典型发展。另外，将把讨论的重点放在能够支持各种生成性读写行为发展的环境的特征上。最后，本词条将回顾相关的争议和今后研究的方向。

图 1　文字与图画的组织结构

资料来源：Schickedanz 1990a P. 144

右下角是书写的文字

1. 对文字特征和结构的认识的发展

任何文字都具有一定的外形特征，并且都是按约定俗成的规则组织起来的。在生成性读写发展的多个阶段中，儿童在不断地掌握文字的外在特征以及社会约定的规则。

1.1　对文字的空间结构的理解

儿童对文字与图画的最基本的认识就是它们的组成结构是不同的。用以创造图画的标记看起来更为随意，而用以创造文字的标记则是一行行地有规则地组织起来的（Harste et al. 1981，Schickedanz 1986）。即使儿童的早期阶段的图画和文字都带有涂鸦的性质，但是它们的结构是不同的。因此，我们可以很容易地把儿童的图画和他们在图画上的签名或者他们描述这幅图画的文字区分开来（见图 1）。

如果 3 岁左右的幼儿成长的环境中有丰富的文字，那么他们就可以从整体空间结构上区分文字和图画，但是，他们要形成对文字自身结构的精确认识还需要很长时间。例如，虽然很小的幼儿就知道书面上的文字是一行行的，但是，他们并没有认识到这些文字只能按照一个方向书写和阅读。我们经常发现，儿童（甚至是 5 岁、6 岁的儿童）书写的文字是多个方向的（即有的文字是按照某个方向书写的，有的文字又是按照其相反方向书写的）（Schickedanz 1990a）。儿童的字母书写技能的发展也要经历几年的时间。在儿童早期尝试书写的字母中经常出现我们称之为“假”字母的字母（见图 2）。这些假字母具有字母表中的真字母的一些特征，但是，又不和字母表中的 26 个字母中的任何一个完全一样（Schickedanz 1986）。渐渐地，儿童对字母的认识更为准确，即使他们所写的字母在结构上仍然存在着一些错误。但是，这些字母更像真正的字母（见图 3）。当然，儿童最终能够书写与字母表中的字母一模一样的字母，但是，很多儿童直到 6 岁还不完全具备这种能力。这种能力的充分发展并不完全是、或并不主要是由于运动技能的发展，对线条组织的概念化的认识也占了相当一部分比例。

看到过文字、玩过字母游戏以及尝试过书写等经验都有助于发展儿童对文字的特征和构成规则的认识。绘画经验同样能促进这一发展。因为在儿童绘画的过程中能获得控制线条的经验——知

图2 “模拟”文字

资料来源：Schickedanz 1986 P.77

图3 接近实际字母的字符

资料来源：Schickedanz 1986 P.79

道什么样的动作能够产生什么样的结果——因为图画与文字在整体的空间结构和细微区分上都不同(Schickedanz 1990a)。

1.2 对文字和语音关系的理解的发展

除了掌握文字的形象特征和空间结构之外，儿童还必须了解这些文字是如何发挥作用的。不同的文字系统语音系统也不同。在某些文字系统中(如中文)，一个独立的汉字就代表一个词的意思或者一个概念。而在其他文字系统中，一个字符或字母代表一个音节。还有一些文字系统，其每一个字符或者字母(也就是说字母表中的字母)代表一个音素——比音节更小的发音单位(Taylor 1981)。

如果文字系统中的每一个字符都代表一个单词，那么就需要处于前读写期的儿童学习成千上万个不同的字符。而如果每个字符能用在不同的单词中，那么就不需要他们学习太多的字符来掌握语音系统。但是，即使这样的话对于儿童来说记忆量也很大。相反，字母拼字法(即可以运用一小部分字符代表语言中所有发音的文字系统)可以使我们运用很少的字符来表示语言中的所有词汇。然而，学习者需要付出很大的代价才能获得这种高效率。从理论上讲，对于儿童来说，理解字母文字系统是如何作用的远比理解单字文字系统(即一个字符代表一个单词)更难。而最难的是他们要逐渐认识到人们可以根据不同的发音、音素来拼写单词。音素拆分技能(即把一个单词按照发音分解的技能)的发展是一个漫长的过程，它是儿童在学习拼写单词的过程中获得的一种经验的累积。

1.3 音素意识和拆分技能的发展过程

幼儿最初认为书写和绘画非常相像。也就是说，文字从表面上看起来必须像它所表示的对象。例如，当儿童写一个表示较大的物体或者年长的老人的单词时会用较多的字符或符号。当他们写一个表示较小的物体或者年轻人的单词时就会用较少的字符或者符号(Ferreiro and Teberosky 1985, Papandropoulou and Sinclair 1974, Schickedanz 1990a)。这时的儿童并没有意识到语音和文字是系统地联系在一起的，也没有认识到文字是人类主观创造的，文字与其所表示的物体、人物或者动作在形象上是没有任何联系的。

然而，不久，儿童就开始尝试其他两种造词策略。一种是音节策略，即儿童努力将语音与文字联系起来。但是，事实上，在字母文字系统中单词拆分(即拆成音节)对儿童来说难度更高一些。例如，儿童可能会用三个字符来拼写“自行车”(bicycle)这个单词，并把它写成了“BBN”。有时，儿童所选的字母的确是表示音节中第一个发音的音素的字母，但是，在他们认识到任何字母与发音都有联系，甚至在认识到如何书写字母表中的字母之前，他们就已经运用了音节策略。在这种情况下，儿童运用他们自己所知道得很少的字母来表示他们想写的任何一个单词的音节，而不管单词中的这些音节的发音到底是什么。此外，他们还会运用一种或两种并非字母的符号(如斜线、涂鸦、点等等)

来拼写单词。例如,一个孩子可能会用点或线来拼写单词(Ferreiro and Teberosky 1985, Harste et al. 1981, Schickedanz 1990b)。

第二种造词策略是视觉规则策略。儿童会参照他们见过的单词来拼写单词。例如,儿童不会运用过少(少于3个)或者过多(多于7个)的字母拼写单词,因为他们认为这样拼写出的单词不是真正的单词。他们还会改变一个单词中的字母,因为通常同一个字母在一个单词中不会连续出现两次以上。最后,尽管儿童只会运用几个字母来拼写单词,但是,他们能通过变换这些字母的排列顺序而拼写出不同的单词(例如,ADOE,DEOA,OEADE)。也就是说,他们显然已经知道只要变化字母的排列顺序,相同的字母就可以运用到不同的单词当中(Ferreiro and Teberosky 1985; Schickedanz 1990z, 1990b)。但是,他们不知道发音与字符要匹配这一点决定着单词中字母的出现顺序,即我们要根据听到的音来选择字母。相反,儿童认为任何看起来像单词的字母串就是一个单词,而且他们写完"假"字母后问成人的最典型的问题就是"这个单词是什么意思"。

儿童在运用视觉规则策略一段时间后,一般会提出拼写的要求,并且开始尝试读出单词,自己拼写单词。最终,这种努力和尝试会给儿童带来音素拆分技能的发展(Adams 1990, Schickedanz 1990b)。但是,这种拼写不同于真正意义上的拼写,因为毕竟英文拼写不是字母与发音的简单的一一对应。例如,单词中的一些字母有时还表示了这个单词中的其他一些字母的发音,而非仅仅表示一个语音(例如,kite, bee)。而且,英文虽然只有26个字母,但是,这26个字母却有40种发音——语音——这意味着有些字母不仅仅只发一种语音。正是由于这些复杂性,年幼的儿童根据音素进行的拼写与真正意义上的拼写有较大的不同。他们运用自己总结的一些规则来拼写单词,但是,这样拼写出的单词不是真正意义上的单词,他们的这种拼写被人们称之为发明性拼写(Read 1975)。

1.4 音素拆分技能的发展阶段

不同的儿童以及不同的儿童群体使用造词策略的年龄有所不同。5岁左右的儿童最初的假设是——一个单词必须在形象上像它所表示的物体或人物。然而,有研究表明,一些未满3岁的儿童已经不再使用这种假设。此外,还有研究发现,小到3岁、大到六七岁的儿童都已经能够开始按照音素进行拼写。

这一方面的发展与其他方面的发展一样,受儿童的学习速度、个性以及书面语言经验的影响。一般来说,如果儿童成长的环境中有丰富的文字,而且成人乐于回答儿童提出的问题,为儿童拆分和拼写单词,那么这些儿童就比没有这些资源的儿童能获得更高水平的造词策略。这个方面的读写发展尤其取决于儿童与文字要有大量的互动以及成人对儿童的努力要有所回应。例如,儿童运用视觉规则策略造词时,成人如果回答他提出的问题——"这个词是什么意思",他的发展就能得到促进。当儿童发现一个字母串看起来像一个单词,事实上又并非一个单词时,这种发现、认识很可能激发出他们询问单词是如何拼写的这一行为。此时,成人如果能帮助儿童拆分、拼写单词,儿童就能进入音节拆分技能和学习字母与语音之间的关系的阶段(Schickedanz 1990b)。物质环境和社会性读写资源的丰富与贫瘠会导致儿童掌握音素拆分技能的年龄出现巨大差异。然而,即使成长在同样丰富的环境中,由于能力和个性因素的差异,儿童之间也会表现出巨大的差异。

2. 故事书阅读行为

阅读故事书是生成性读写发展的另一个重要方面。很多儿童在能够阅读不熟悉的故事书之前就已经开始尝试着阅读熟悉的故事书了。这些早期的阅读行为被称之为复述,因为儿童是在反复阅读或重复讲述他们以前听过的故事。

2.1 故事书阅读行为的发展

一些研究者记录了儿童故事书阅读行为的发展。罗斯曼(Rossman 1980)的一项研究发现,学前儿童是从看图编故事这一简单的早期阅读行为逐渐发展到能够逐字逐句地复述故事的。儿童的复述根据其所采用的不同策略可以分为三类:(a)看图编故事;(b)根据自己的理解讲述而非背诵;(c)基本上一字不差地复述。

罗斯曼(1980)还发现儿童会拒绝复述故事。这种现象一般发生在儿童从运用一种阅读策略向使用另一种阅读策略转变的时候。例如,一个孩子以前喜欢看图讲故事,但是在他即将进入解释性复述阶段时,他开始拒绝复述故事。而且有些时候,儿童还会说:“我不知道这个故事。”罗斯曼指出,年幼的儿童最初并没有认识到每个故事书的内容都是不同的。相反,他们似乎认为,读者在阅读时都是在编故事。儿童随着自己不断地重复阅读同一本书,特别是看到、听到不同读者重复阅读同一本书的表现、故事内容,发现每本故事书的内容都是特定的,阅读需要读者忠实于故事内容。儿童要求不断地重复阅读同一故事的行为表明他们为了能够自己独立讲述这个故事而试图掌握这个故事,但是这种独立讲述不是更高水平的讲述。

故事书中的图画主要反映了故事的内容。通常它们都与故事文本高度对应。对于儿童来说,这些图画就是线索。儿童可以利用它们帮助自己回忆、重述每一页的故事内容。起初,儿童对文字视而不见。事实上,幼儿经常会指着书上的图画问“我应该看着哪里念?”再如,当成人阅读而且他们帮成人拿书时,他们通常不会注意自己的手是否遮住了书上的文字。

不久,儿童这种以阅读图画为主来读故事书的行为让位给了以阅读文字为主来读故事书的行为。但儿童在运用后一策略前,他们在拒绝时通常会说“我不认识这本书上的单词”。开始运用后一策略的儿童经常会问成人某个单词在哪里,或者指着某个单词问“这个词是什么意思?”此外,他们具有的有关文本的知识能帮助他们阅读书上的文字(Rossman 1980)。

萨尔兹巴(Sulzby 1985)研究了大量的5岁儿童的故事复述行为。她发现以图画阅读为主的阅读要早于以文字阅读为主的阅读。她对以图画阅读为主的阅读进行了研究,将其区分为构成故事的和未构成故事的,以及口头语言讲述的和书面语言讲述的行为。她的研究表明,在早期以图画阅读为主的阅读阶段,儿童掌握着故事的结构和书中的语言,而这些经验与从口头讲述和日常会话中得到的经验是不同的。

萨尔兹巴(1985)的研究还提供了重要的信息——有关儿童以图画阅读为主的阅读的发展。例如,最初儿童对某一故事的了解在很大程度上支持了他对这个故事的以图画为主的阅读,而文字并没有起多大的作用。在这种情况中,儿童经常会用一些符合故事内容、但是在书中并没有出现的词语,或者特别关注书上的文字,着迷于大声地朗读这些文字却忽视了对故事内容的理解,使得故事背景、内容没有起到支持阅读理解的作用。萨尔兹巴把这些努力称为“不均衡”的努力。渐渐的,随着这种不均衡的努力更为协调,故事的文本和图画可以更好地支持、帮助儿童阅读。

2.2 故事阅读经验对阅读能力发展的贡献

熟练的阅读者能协调三种不同的线索体系:(a)由故事本身和其背景知识提供的上下文线索;(b)由关于句子的语法结构知识提供的语言线索;(c)图画—语音线索(即字母与读音的联系)(Newman 1985)。故事书阅读经验的重要价值之一是它为儿童学习如何协调这三种线索体系提供了一种易于掌控的环境。如果儿童面对的仅仅是不熟悉的文字,那么他们就不得不特别依赖于图画—语音线索,这使得儿童只能读出类似于正确读音的读音。儿童所掌握的口头词汇以及对故事内容的了解为其判断如何从近似读音中选择最为贴切的读音提供了标准(Adams 1990)。换句话说,故事内容、上下文和背景知识可以调整这一选择过程。早在儿童的图画—语音线索还没有发展起来时,儿童对故事内容的了解为图画—语音线索的运用提供了根本性的支持。以后,随着儿童的图画—语音运用能力的发展,儿童在阅读不熟悉的故事时,能够同时使用图画—语音线索和故事的上下文线索。

听故事是通过重述来实现阅读的一种方法,它对于儿童语言发展和词汇量的增长也有很大的促进作用(Elley 1989, Feitlson et al. 1986)。正如前面所提到的,这可以帮助儿童读出文字,因为儿童在选择近似读音的过程中可以依据的心理标准更丰富了。如果儿童的口头词汇中不存在某个词,儿童就很难读出这个词,因为他们无法提取这个词的正确读音。

3. 生成性读写研究的新趋向

最初的有关生成性读写的研究描绘了生成性读写行为。20 世纪 70 年代之前,人们开始研究儿童的读写知识和技能的发展,认为幼儿还不具备什么读写知识。但是,幼儿的读写知识和技能的实际表现表明,虽然大部分的幼儿还没有接受过正规的学校教学,但是他们已经掌握了惊人的读写知识和技能。而且,大部分幼儿园的正规教学严重低估了幼儿的实际能力和技能。

虽然早期的描述性研究没有明确回答读写的发展机制问题(即发展因素是什么),但是很多人认为只要儿童成长在充满文字的环境中,他们的读写能力就能自然而然地发展起来(即使没有接触特殊的教学指导)。当前的争论之一就是教学在早期读写发展的过程中扮演什么样的角色(Adams 1990, Aaronet et al. 1990, Heibert 1986, Suah and Miller 1989)。虽然幼儿没有接受过幼儿园和小学一年级的正规读写教学,但是他们能够学到很多有关读写的经验。而且,幼儿的读写学习极大地获益于成人根据其兴趣和当前的理解水平对其进行的一定的辅导(Heibert 1991, Schickedanz 1990a)。判断教学和独立学习在早期读写发展过程扮演什么样的角色将是 20 世纪 90 年代生成性读写研究的首要任务。

J. A. 席肯坦茨(J. A. Schickedanz) 著

朱琳琳 译

附录

Aaron I E, Chall J S, Durkin D, Goodman K, Strickland D 1990 The past, present, and future of literacy education: Comments from a panel of distinguished educators, Part II. *Read. Teach.* 43(6):370—380

Adams M J 1990 *Beginning to Read: Thinking and Learning about Print.* MIT Press, Cambridge, Massachusetts

Elley W B 1989 Vocabulary acquisition from stories. *Read. Res. Q.* 24(2):174—187

Feitelson D, Goldstein Z 1986 Patterns of book ownership and reading to young children in Israeli school-oriented and nonschool-oriented families. *Read. Teach.* 39(9):924—930

Feitelson D, Kita B, Goldstein Z 1986 Effects of listening to series stories on first graders'comprehension and use of language. *Research in the Teaching of English* 20(4):339—356

Ferreiro E, Teberosky A 1985 *Literacy before Schooling.* Heinemann Educational Books, Portsmouth, New Hampshire

Harste J C, Burke C L, Woodward V A 1981 *Children, Their Language and World: Initial Encounters with Print.* Indiana University, Language Education Department, Bloomington, Indiana

Heibert A 1986 Issues related to home influences on young children's print-related development. In: Yaden D, Templeton S (eds.) 1986 *Metalinguistic Awareness and Beginning Literacy.* Heinemann Educational Books, Portsmouth, New Hampshire

Heibert E 1991 Research directions: Literacy contexts and literacy processes. *Lang. Arts* 68(2):134—139

Mattingly I W 1979 Reading, linguistic awareness, and language acquisition. Paper presented at the Reading Research Seminar on Linguistic Awareness and Learning to Read, Victoria, British Columbia

Newman J M (ed.) 1985 *Whole Language: Theory in Use.* Heinemann Educational Books, Portsmouth, New Hampshire

Papandropoulou, I Sinclair H 1974 What is a word? Experimental study of children's ideas on grammar. *Hum. Dev.* 17(4):241—258

Read C 1975 *Children's Categorization of Speech Sounds in English.* National Council of Teachers of English, Urbana, Illinois

Rossman F 1980 Preschoolers'knowledge of the symbolic function of written language in storybooks. Unpublished doctoral dissertion, Boston University

Schickedanz J 1986 *More Than the ABCs: The Early Stages of Reading and Writing.* National Association for the Education of Young Children, washington, DC

Schickedanz J 1990a *Adam's Righting Revolutions: One*

Child's Literary Development from Infancy through Grade One. Heinemann Educational Books. Portsmouth, New Hampshire

Schickedanz J 1990b. Developmental spelling: What's the teacher's role? *ORBIT*21(4):10—12

Stahl S A, Miller P D 1989 Whole language and language experience approaches for beginning reading: A quantitative research synthesis. *Rev. Educ. Res.* 59 (1):87—116

Sulzby E 1985 Children's emergent reading of favorite storybooks: A developmental study. *Read. Res. Q.* 20 (4):458—481

Taylor l 1981 Writing systems and reading. In: MacKinnon G E, Waller T G(eds.) 1981 *Reading Research: Advances in Theory and Practice*. Vol. 2. Academic Press, New York

性别角色与学前教育(Gender Roles and Preschool Education)

3 岁时，男孩和女孩开始参与不同的活动，并表现出不同的行为风格(Whiting and Edwards 1988)。他们更倾向于与同性伙伴一起游戏而避免与异性伙伴一起玩耍(Maccoby 1988)。不同文化对幼儿能力的看法截然不同。在许多文化中，人们不认为幼儿具有通过教学来学习的能力(Whiting and Edwards 1988)。在这些文化中，儿童通常在成人的引导下参与到以家庭为基本单位的社会性群体中(Rogoff 1990)，而不是通过进入正规的学校教育情境中来学习他们的社会角色。

本词条将主要把那些已经进入正规幼儿园的儿童作为讨论的对象。一般来说这就需要把我们讨论的重点限定在工业化国家中的儿童身上。在这些国家中，母亲或其他家庭成员在外面工作，孩子被放在集体看护机构中，或者其他的由专业看护者提供看护服务的、对于幼儿接受教育和社会经验来说非常必要的机构中(Anstin 1976)。

下面我们将回顾关于早期性别隔离以及性别差异范围的一些研究，讨论性别角色差异的产生以及这些早期性别差异对幼儿将来的认知和社会性发展的意义。此外，还讨论了根据这些早期差异来设计学前教育方案所需考虑的其他事项。

1. 性别隔离

在幼儿园的教室中，我们可能已经发现男孩和女孩处在两个不同的世界中。当男孩和女孩被分隔开来形成两个单一的性别群体时，“性别隔离”就在这样的情境中非正式地建立起来。男孩和女孩也会花费相当多的时间来从事不同的活动。有资料证明，在多种不同的文化中，学前儿童在玩具和活动偏好上存在着性别差异(O'Brien and Huston 1985, Smith 1980, Trautner et al. 1985)。此外，也有观察者注意到，在几种不同的文化中、在非人类的灵长目动物的行为方式中也存在着类似的差异(Blurton-Jones 1967, DiPietro 1981)。即使雄性和雌性在身体大肌肉运动方面存在着较小的性别差异，但年幼的雄性个体通常会进行更多的追逐打闹的游戏。

在学龄前阶段，男孩和女孩之间存在着一个较为稳定的重要差异，即男孩比女孩表现出更多的身体上的攻击性(Maccoby and Jacklin 1974)。即使对于很小的儿童来说，他们关于男性的刻板印象也已经被牢固地限定在带有攻击性的工具和活动上。霍特(Hort 1989)试着列出了一张关于 4 岁幼儿所进行的性别刻板化的活动或使用的性别刻板化工具的清单，发现 6 个最具男性化的条目中有 5 个涉及攻击性(如枪、刀子、打斗)。但是，从这些研究结果中并不能必然推论出幼儿园要为幼儿这种性别差异行为的形成负责。与未进入幼儿园的幼儿相比，已进入正规幼儿园的男孩和女孩之间的关系更加密切。在一些文化中，只有在这种机构里男孩和女孩才能够完全在一起玩耍(Whiting and Edwards 1988)。

性别隔离在儿童早期就已经形成，并将持续终身。这一事实导致了大量讨论性别隔离起源问题的文献的出现。很明显，在许多文化中，性别隔离的存在是因为成人对男性和女性差异的强化。在工业化国家，几乎没有人会把促成幼儿的性别隔离作为建立幼儿园的特定目标。虽然性别隔离通常被认为是性别刻板印象导致的结果，但我们同样应该看到的是，它也可以被看作是一种能够促进儿童精确区分不同性别的能力的发展原因（Maccoby 1988）。

最近出现了几种试图解释儿童把自己归入具有性别隔离性质的游戏小组的倾向的理论。拉·弗雷内尔等人（La Freniere et al. 1984）提出了“行为兼容性”的理论假设（Goodenough 1934），他认为儿童之所以在性别隔离化的小组中游戏，是因为他们具有不同的兴趣和行为方式。麦克比（Maccoby 1988）报告说，虽然男孩和女孩在幼儿园里同样的积极主动，但是他们在追逐打闹游戏中却表现出明显的差异。赛宾等人（Serbin et al. 1991）发现，儿童在同性别的小组游戏中比在性别混合的小组游戏中表现出更多的合作行为；社交能力较强的儿童选择与不同社交能力水平的儿童一起游戏而不管其性别如何；在同性别的小组中，女孩表现出的社会交往技能比男孩更强。由此，赛宾等人（Serbin 1991）提出，性别隔离与不同的行为方式有关，与特定的玩具和活动偏好无关。法戈等人（Fagot et al. 1986）在一项横向研究中发现，区分性别的知识与性别隔离有关。这一研究的实验对象比以往研究中的被试的年龄要稍小一些。研究者指出，儿童区分他们自己及其他儿童的性别的能力可能会加速他们的性别角色刻板化。法戈（Fagot 1990）在一项纵向研究中得到了同样的研究结果。此外，他还发现无论是在同性别的同伴群体中，还是在异性别的同伴群体中，所有的 1 岁儿童都更喜欢与自己的游戏有关的成人或伙伴游戏。因此，行为方式上的差异显然导致了幼儿在游戏伙伴选择方面的差异。

性别隔离的产生可能是由几个不同的因素共同导致的。对于那些性别图式正处于形成过程中的儿童来说，他们会利用他们所能得到的一切线索来做出适宜的行为（与那些和你自己一样的人一起游戏可以有力地表明你是一个男孩还是一个女孩）。儿童还会依据行为的兼容性对自己进行分类。法戈（Fagot 1985）发现，学龄前儿童受他们自身的性别而非异性别的驱使来做出反应或改变他们的行为。

此外，还有一些证据表明，儿童之间也会发生跨性别的相互作用。同伴群体对不司性别的反应存在显著差异。那些试图加入到男孩同伴群体中、做出男性行为的女孩，最糟糕的情况也就是受到忽视（Fagot 1977，Maccoby 1988）；而那些试图从事女性行为的男孩却在同伴（包括男孩和女孩）中得到了消极的反馈（Fagot 1977，1989）。特劳特纳等人（Frautner et al. 1985）在对德国儿童的研究报告中指出，男孩不喜欢女性化的活动，也不喜欢那些进行女性化活动的男孩；虽然女孩很喜欢女性化的活动，但当其他女孩尝试进行男性化的活动时，她们也不会对其做出消极的反应。

2. 由教师主导的活动

幼儿园中的性别差异并不仅限于在性别隔离的群体中玩不同种类的玩具。女孩的大量时间都是与她们的教师一起度过的（Fagot and Patterson 1969，Serbin et al. 1973），教师与女孩之间的互动更多。女孩对教师所提要求的反应也相对较多（Fagot 1985，Serbin et al. 1981），因而从教师那里也得到了更多的关怀与安慰（Feldbaum et al. 1980）。教师倾向于在儿童玩桌面游戏、特别是进行艺术活动或进行与学校的学习有关的行为时，对儿童做出反应（Fagot and Patterson 1969）。这引起了人们对幼儿园可能会导致男孩女性化这一问题的关注。

法戈（1981）发现，女孩经常聚集在教师（无论男教师还是女教师）的周围，而男孩却经常在教室周边游戏。与缺乏经验的教师相比，这一点在有经验的教师身上表现更为突出。李和凯达－沃伊沃达斯（Lee and Kedar-Voivodas 1977）发现，幼儿园教师对于那些以小学生身份开展活动的儿童所做出的反应要多于以其他活动方式开展游戏的儿童。小学生的行为与女性化行为有更多的共同之处（如玩各种各样的桌面游戏），与男性化的行为（大肌肉活动）的共同之处则较少。此外，对于表现出典型的传统性别行为（如玩追逐打闹游戏或娃娃家游戏）的儿童，无论是男孩还是女孩，教师都没有做出积极的反应。

男孩和女孩在活动的结构化程度上的偏好差

异,影响的并不仅仅是儿童性别角色的发展。卡朋特和休斯顿(Carpenter and Huston 1980)发现,那些喜欢高结构化活动的儿童不论其性别如何,都表现得比较顺从,而且使用玩具的方式缺乏创造性。相反,那些喜欢低结构化活动的儿童则更倾向于与同伴互动。由于在从事低结构化活动的儿童中男孩要比女孩多,所以男孩可能更多地与其他男孩发生互动。因此,这种在活动偏好上的性别差异可能会促成性别隔离。

卡朋特(1983)提出,长时间持续从事低结构化或高结构化的活动,可以使儿童形成与环境互动的不同风格。高结构化的活动有助于儿童学习规则,顺应环境;而低结构化的活动则可能会促使儿童以新的方式来适应环境。布洛克(Block 1983)突破了幼儿园这一范畴,对这一观点进行了扩展。他指出,一般来说,我们常常教导女孩去顺应规则,却迫使男孩去适应一种没有规则的情况。麦克比(1988)注意到,女孩喜欢教师保护她们以免受男孩对她们的伤害。女孩之所以聚集在老师的周围,可能更多地是为了躲避男孩而非喜欢老师。我们应该注意到,那些喜欢高结构化活动的儿童正是在学习学校教育的规则。这种对于高结构化的偏好或许可以解释为什么在小学低年级女孩的发展会超过男孩。此外,人们还发现,高度的结构化抑制了攻击性行为和追逐打闹游戏,但是这似乎并不能表明儿童——特别是男孩——正在学习自我控制:在非结构化的情况下,这些儿童仍会表现出攻击性和粗暴的行为(Smith 1980)。

3. 无性别歧视的教育

正如人们担心幼儿园里可能存在着男孩女性化的情况一样,人们也开始把在幼儿园中鼓励女孩的顺从作为一个问题提了出来。教育界中已经开始呼唤无性别歧视的课程以使男孩和女孩都可以从事各种更为广泛的活动(Sprung 1978)。当然,我们知道结构的变化(Carpenter et al. 1986)以及教育哲学的变化(Bianchi and Bakeman 1978)都会影响学校环境中游戏的性别刻板化程度。然而,似乎没有证据表明,这些结构的差异会影响学校以外活动的性别刻板化程度(Carpenter et al. 1986,Cole et al. 1982)。人们尝试着通过教师来矫正儿童的性别刻板化,但是这种尝试并没有表现出长期的效果。赛宾和她的同事证明,虽然教师能够通过他们的引导来改变儿童典型的性别行为模式,但是,一旦教师停止了干预,这种影响就不会持续太长的时间(Serbin et al. 1981, Serbin et al. 1977)。

在没有性别歧视的幼儿园中,儿童可以尝试许多不同的行为。这种趋势本身是很有价值的。练习使用各种不同的玩具,进行各种各样的活动,都可以帮助儿童发展各种不同的技能,从而使他们更好地与周围环境互动。然而,这样的尝试并不能改变儿童性别刻板印象的本质。因为性别刻板印象似乎与他们作为男孩或女孩的身份是紧密相关的。法戈和莱茵巴克(Fagot and Leinbach 1993)指出,儿童早期的性别角色发展势头强劲,任何尝试干预这一发展过程的做法都不会成功。只有当儿童能够较好地理解性别的隐含意义与其生物学意义之间的区别时,他们才会开始分析自己所要采纳的性别角色系统。

正如法戈(1991)所指出的那样,游戏风格实际上与性别刻板化之间没有什么联系。明智的教师都会鼓励儿童扩大他们游戏的种类和范围——允许儿童从事各种不同类型的游戏——而不会仅仅让儿童进行异性别的游戏。无论男孩或女孩都应从事一些锻炼大肌肉运动的游戏活动以增强身体的协调性。法戈发现,两岁半之前,男孩和女孩所从事的大肌肉运动游戏在数量上没有什么差别。在一项简单的实验干预中,研究者告诉儿童的家长:为了保证儿童在学校中的安全,所有的孩子都必须穿上橡胶底的鞋子以及能让他们跑、跳及舞动的衣服。在采取了这一简单的措施之后,男孩和女孩都能够同样地进行大肌肉运动的游戏。

如果教师将关注点放在儿童必需掌握的游戏技能而非游戏的内容上,那么教师就能做出一些轻微的调整以使男孩和女孩都能学习并运用适宜的技能。如果布洛克(1983)的观点是正确的,即不同的游戏风格(与性别刻板化有关,但并不必然地与任何对性别的界定相联系)会影响智力的发展,那么学前教育工作者就应该仔细地审视他们为幼儿创设的环境,以确保他们对教室空间的安排不会抑制儿童的重要技能的发展。

B. I. 法戈(B. I. Fagot) 著

左晓静 译

附录

Austin G R 1976 *Early Childhood Education: An International Perspective*. Academic Press, New York

Bianchi B D, Bakeman R 1978 Sex-typed affliation preferences observed in preschoolers: Traditional and open school differences. *Child Dev.* 49(3):910—912

Block J H 1983 Differential premises arising from differential socialization of the sexes: Some conjectures. *Child Dev.* 54(6):1335—1354

Blurton-Jones N G 1967 An ethological study of some aspects of social behaviour of children in nursery school. In: Morris E D (ed.) 1967 *Primate Ethology*. Weidenfeld and Nicolson, London

Carpenter C J 1983 Activity structure and play: Implications for socialization. In: Liss M B (ed.) 1983 *Social and Cognitive Skills: Sex Roles and Children's Play*. Academic Press, New York

Carpenter C J, Huston A J 1980 Activity structure and sextyped behavior in preschool children. *Child Dev.* 51 (3):862—872

Carpenter C J, Huston A J, Holt W 1986 Modification of preschool sex-typed behaviors by participation in adultstructured activities. *Sex Roles* 14 (11—12): 603—615

Cole H J, Zucker K J, Bradley S J 1982 Patterns of genderrole behaviour in children attending traditional and nontraditional day care centres. *Canadian Journal of Psychiatry*27(5):410—414

DiPietro J 1981 Rough and tumble play: A function of gender. *Dev. Psychol.* 17(1):50—58

Fagot B I 1977 Consequences of moderate cross-gender behavior in preschool children. *Child Dev.* 48(3): 902—907

Fagot B I 1981 Male and female teachers: Do they treat boys and girls differently? *Sex Roles* 7 (3): 263—271

Fagot B I 1985 Beyond the reinforcement principle: Another step toward understanding sex role development. *Dev. Psychol.* 21(6):1097—1104

Fagot B I 1989 Cross-gender behavior and its consequences for boys. *Italian Journal of Clinical and Cultural Psychology* 1:79—84

Fagot B I 1990 A longitudinal study of gender segregation: Infancy to preschool. Presented in symposium on Determinants of Gender Differences in Peer Relations. International Conference on Infant Studies, Montreal

Fagot B I 1991 Using knowledge from play research to expand sex-typed options. Presented in symposium on Applying the Knowledge Based on Play Research. American Educational Research Association, Chicago

Fagot B I, Leinbach M D 1993 Gender role development in young children: From discrimination to labeling. *Dev. Rev.* 13:205—224

Fagot B I, Leinbach M D, Hagan R 1986 Gender labeling and the adoption of sex-typed behaviors. *Dev. Psychol.* 22(4):220—243

Fagot B I, Patterson G R 1969 An in vivo analysis of reinforcing contingencies for sex-role behaviors in the preschool child. *Dev. Psychol.* 1(5):563—568

Feldbaum C L, Christenson T E, O'Neal E C 1980 An observational study of the assimilation of the newcomer to the preschool. *Child Dev.* 51(2):497—507

Goodenough F 1934 *Developmental Psychology: An Introduction to the Study of Human Behavior*. Appleton-Century, New York

Hort B 1989 Jane's gun and john's mascara: A difference in peer reactions to males and females who display cross-gender behaviors. (Unpublished doctoral dissertation, University of Oregon)

La Freniere P, Strayer F F, Gauthier R 1984 The emergence of same-sex affiliative preferences among preschool peers: A developmental/ethological perspective. *Child Dev.* 55(5):1958—1965

Lee P C, Kedar-Voivodas G 1977 Sex-role and pupil role in early childhood pupil education. In: Katz L (ed.) 1977 *Current Topics in Early Childhood Education*, Vol. 1. Ablex, Norwood, New Jersey

Maccoby E E 1988 Gender as a social category. *Dev. Psychol.* 24(6):755—765

Maccoby E E, Jacklin C N 1974 *The Psychology of Sex Differences.* Stanford University Press, Stanford, California

O'Brien M, Huston A C 1985 Development of sex-typed play behavior in toddlers. *Dev. Psychol.* 21(5):866—871

Rogoff B 1990 *Apprenticeship in Thinking: Cognitive Development in a Social Context.* Oxford University Press, New York

Serbin L A, Connor J M, Citron C C 1981 Sex differentiated free play behavior: Effects of teacher modeling, location, and gender. *Dev. Psychol.* 17(5):640—646

Serbin L A, Moller L, Powlishta K, Gulko J 1991 The emergence of gender segregation and behavioral compatibility in toddlers' peer preferences. Paper presented in symposium on Gender Differences in Relationships. Society for Research in Child Development, Seattle

Serbin L A, O'Leary K D, Kent R N, Tonick I J 1973 A comparison of teacher response to the preacademic and problem behavior of boys and girls. *Child Dev.* 44(4):796—804

Serbin L A, Tonick I J, Sternglanz S H 1977 Shaping cooperative cross-sex play. *Child Dev.* 48(3):924—929

Smith P K 1980 *The Ecology of Preschool Behaviour.* Cambridge University Press, Cambridge

Sprung B (ed.) 1978 *Perspectives on Non-sexist Early Childhood Education.* Teachers College Press, New York

Trautner H M, Helbing N, Sahm W B 1985 *Schlussbericht uber des VW-Projeckt 'Geschlechtstypisierung'.* Munster, Frankfurt

Whiting B B, Edwards C P 1988 *Children of Different Worlds: The Formation of Social Behavior.* Harvard University Press, Cambridge, Massachusetts

婴儿教育方案(Infant Programs)

本词条关于婴儿教育方案(尤其是为1岁以下婴儿设计的方案)的讨论仅限于托幼机构的范围之内。这里选择的婴儿教育方案来自于美国和欧洲一些国家,这些方案不仅为婴儿提供了先行课程,而且有长期追踪的评估报告。

1. 婴儿教育方案

20世纪60年代美国向贫穷宣战的政策是早期干预方案出现的主要策动力。贫困家庭的儿童由于没有为入学做好准备而无法从学校教育中获益,因此人们试图为他们提供托幼机构教育以补偿其处境的不利。布卢姆(Bloom 1964)和亨特(Hunt 1964)不仅为幼儿的干预方案、也为婴儿的干预方案提供了基本的概念框架。

这种具有历史意义的努力向当时普遍存在的、认为集体看护会削弱婴儿与母亲之间的情感联系、有损于婴儿情绪情感的发展的看法提出了挑战。这种断言有两个依据:斯皮茨(Spitz 1945)关于孤儿院生活的经验对婴儿发展有不利影响的报道以及根深蒂固地存在于美国文化中的关于家庭和个人主义的价值观。

1.1 锡拉库兹方案

作为最早出现的先行性的婴儿教育方案之一,锡拉库兹方案(Caldwell and Richmond 1964)有两个主要的关注点:在婴儿和母亲之间建立一种具有连续性的关系,使婴儿能够和托幼机构中的一个成人建立稳定的关系。为了给6到18个月的婴儿提供熟悉的环境,托幼机构的日常生活制度是按他们的家庭生活经验来制定的。父母被引导去关注婴儿的发展,每个月和教师开一次会,必要时还可以会见社会工作者。该方案为母亲提供观看教师如何护理幼小婴儿的机会,反过来,教师也有机会了解母婴之间的关系。为了确保看护者与婴儿之间建立稳定的关系,对婴儿生理需要的呵护是由同一个人来完成的。这就要求婴儿和成人的比率大约保持在1个成人对4个婴儿上。为了确保婴儿和成人之间的个别化的交流,要求成人每天对每个婴儿至少要进行15~30分钟的个别照料活动。

教育经验包括成人预先计划的一些活动以及

婴儿的一些自选活动。诸如观看图书、探究物体以及感觉游戏等的活动与通过测验和观察所获得的婴儿的认知发展水平相匹配。玩具放在便于婴儿接近的地方以支持婴儿的探究活动，可能妨碍婴儿探索的物品被移开。偶尔也会移动一些家具以最大限度地激发婴儿对周围环境的意识。虽然婴儿按年龄被分成不同的小组，但每天都会创造机会让不同年龄的婴儿交往接触。

对该方案的评估表明，在参加该方案一年或更长时间以后，进日托机构的婴儿的母婴依恋模式与在家抚养的婴儿之间没有显著差异，但是，前者在格塞尔婴儿智力量表和斯坦福—比纳智力测验的测量结果上能够取得更好的成绩。

1.2 拉利婴儿教育方案

拉利（Lally et al. 1987）根据开放教育模式对上面所描述的方案加以改进，扩展了与家长的交流与合作。拉利详细阐述了新方案的理论基础：皮亚杰的平衡理论，尤其是儿童积极参与知识建构过程的观点对拉利婴儿教育方案有很大影响；语言发展理论（Bernstein 1964）使得该方案特别重视成人的示范，并强调对幼小婴儿的发声做出不断的反应以扩展婴儿的语言；艾里克森（Erikson 1950）的理论使得该方案注重婴儿的基本信任、主动性、学习的自发性的培养；杜威（1945）和英国幼儿学校运动使得该方案更为强调儿童选择的自由，鼓励儿童的创造性，在一定的空间里为儿童创造一个有利于探索的环境，而不是按时间来结构环境。

工作人员的培训面向整个中心的工作人员，包括厨师、秘书、汽车司机（lally et al. 1987）。在为6～15个月大的婴儿设计的半日方案中，2个看护者照料8个婴儿。

该方案一直持续到孩子长到60个月。该方案为年长儿做出的重要的调整是增加了4个活动区域：大肌肉活动、小肌肉活动、感知觉活动、创造性的表达以及点心时间等。教师固定在每个区域，幼儿可以自由选择参与每个区域的活动。这种环境结构主要是仿照英国的幼儿学校设置的。

当幼儿36个月时，对该方案进行了第一次追踪评价。参与该方案的幼儿在斯坦福—比纳智力测验上的得分要高于控制组幼儿的成绩。但当幼儿60个月时这种差异就消失了。

在36～60个月之间，参与该方案的幼儿在社会性情感发展方面明显优于控制组幼儿。但是，在这些幼儿进入小学以后，他们比其他孩子表现出更多的积极行为和消极行为，尤其是对教师的态度方面有更多的消极行为表现。

同样的现象也出现在考德威尔方案（Caldwell's program）和北卡罗莱纳州法兰克·伯特·格雷厄姆中心方案（the Frank Porter Graham Center's program）的追踪研究中（Ramey and Campbell 1979）。后一方案对这些变化进行了更为深入的研究。哈斯金斯（Haskins 1985）指出，参与学前教育方案的部分幼儿在入学第一年所表现出的这种消极行为在他们升入二年级后就消失了。他将幼儿在一年级的这种行为表现归结为环境模式的变化：幼儿园的环境是宽容的，对幼儿的需要反应更敏感；而小学的环境则是以学业成就为取向的、非宽容的环境。

一些研究提出了不同于上述看法的解释（Golden et al. 1978，Macrae and Herbert-Jackson 1976）。一些研究（Gunnarson 1978，Clarke-Stewart 1984）认为具有托幼机构教育经历的儿童之所以在日后会表现出更多积极的和消极的社会性行为，是因为在托幼机构人们总是接受并鼓励幼儿表达他们的积极情感和消极情感。人们把重点放在减少可能激发儿童消极行为的情景条件上，当必须对幼儿的行为加以限制时，则会为幼儿提供其他选择以便让他们学会处理消极的情绪情感。但是在儿童进入小学后，这种教育策略就不再使用了。一般来说，对待儿童的消极行为，学校环境比托幼机构更多的是控制和压制。因此，来自托幼机构的幼儿自然会对这种变化做出消极的反应。实验组的幼儿和控制组的幼儿都来自低收入家庭。但是由于控制组的幼儿从小生活在惩罚性的、压制性的环境中，当他们入学后，他们所遇到的新的环境与他们先前所熟悉的环境之间具有连续性，因此在最初他们表现出较少的消极行为，但也比实验组的幼儿更少表现出积极的社会性行为。

对研究结果的这些解释仍然存在着许多不同的看法和争论。首先，有托幼机构教育经验的幼儿身上所表现出来的较高水平的、消极的社会性行为是应当归因于儿童本身,还是应当归因于对儿童的消极社会行为过于担忧的成人?在儿童与成人之间的这种冲突往往可以成为儿童学习如何以建设性的方式解决冲突和挫折的机会。对来自低收入家庭的、不管是曾经有或没有非压制性的、高质量的托幼机构教育经验的儿童的追踪研究的结果支持了上述这种假设。

两项追踪研究报告幼年时参与过高质量的托幼机构教育方案的青少年的犯罪的比率显著低于没有参与过高质量的托幼机构教育方案的控制组的青少年(Berrueta-Clement et al. 1984,Lally et al. 1987)。青少年消极的社会性行为并不像一、二年级儿童之间的冲突:它们包括诸如轻度盗窃罪、犯罪性伤害、性虐待、攻击、抢劫以及入室行窃等。这些研究结果支持了这种假设:来自于低收入家庭或处境不利的儿童,由于在幼年时经历了对其需要反应敏感的、非惩罚性的托幼机构教育,因此当他们进入正规的学校环境(学前班)后,环境的突然变化会引发他们的攻击性反应,但是他们能够学会如何有效地处理这些新的冲突。对于控制组儿童而言,他们的攻击性行为只是在正规学校中受到了压制,但他们很少有机会学习如何有效地处理压力。因此当他们进入青春期和成年后,他们的外部控制和内部控制系统往往会崩溃。

其次,另一个主要争论是关于在儿童生命的头一年中,如果母亲出外工作和集体看护的经验可能会导致婴儿形成不安全的母婴依恋的断言。虽然没有采用实验方法来测量和比较日托和非日托的不适宜性,但是对国际数据的二次分析的结果大大削弱了这种断言的可靠性(Clarke-Stewart 1989)。

2. 欧洲的婴儿教育方案

2.1 匈牙利

皮克勒(Pickler)在匈牙利创建了一个婴儿教育方案。该模式为匈牙利3岁以下的婴儿提供服务,随后传入英格兰、法国、德国、西班牙和意大利。

这个模式的基本假设是:(a)每个儿童都有自己的发展节奏或速率;(b)每个正常儿童都清楚什么会吸引他们的注意力;(c)他们不会完全受外部环境刺激的影响;(d)成人必须让婴儿通过自己的努力进入下一个发展阶段。

出现在劳克瑞(Loczy)的婴儿教育方案根据如下原则来组织活动:每个看护者都要与8个婴儿中的两个婴儿建立亲密的关系;在幼儿3岁之前,确保婴儿群体拥有稳定不变的看护者;允许每个婴儿有自己的睡眠习惯和活动次数;随着年龄的增长,将2个或3个婴儿分为一组,进行小组式的看护。

对儿童发展的支持以对儿童、儿童的发展与需要的准确把握为基础。只有那些有足够的能力的儿童,才能够提供给他们操作的材料。

皮克勒提到了世界卫生组织在1968年对100名14~23岁之间的劳克瑞儿童所进行的研究,没有发现通常出现在孤儿身上的缺陷性特征(例如,缺乏情感依恋、低智商、学业失败等等)。

2.2 瑞吉欧—艾米利亚模式

该方案是由劳瑞斯·马拉古兹(Loris Malaguzzi)在意大利北部的瑞吉欧—艾米利亚市提出并不断发展起来的学前教育模式,该模式已经引起了国际社会的极大反响,并获得了广泛认可。该模式的一个基本假设是:儿童的感知能力及经验是其发展的基础,它也因此规定了看护者的教育任务。看护者的一个主要任务就是要保持婴儿感知的激情和探索的活力。材料的选择要依据婴儿的先前经验以及积极体验和探索事物的能力。在瑞吉欧—艾米利亚市,每个儿童看护中心都有一位艺术家坐阵,他们支持和帮助托幼机构发展项目活动。在项目活动中,幼儿可以表征和重塑着自己的经验。看护者鼓励幼儿命名并描述他们自己的环境和经验。

儿童看护中心的每个房间都布置良好以便为每个幼儿提供足够的、令人感兴趣的刺激,使幼儿能够脱离成人独立活动。无监控的自由游戏是该教育方案的重要组成部分。成人通过材料和幼儿相互作用,材料使幼儿主动学习。

每个儿童看护中心由一个团队来负责管理。这个团队的所有成员都能够根据自己的能力和兴趣担负相应的责任。一位教学法顾问每周至少在一个看护中心花一天的时间进行协调工作以确保教育的质量。

在该教育方案中,从事非教育工作的人员也起着重要的作用。例如,许多活动都是围绕着厨房、烹任以及厨师开展的。婴幼儿能够自由进入厨房,当他们进入厨房后就会得到厨师的关心和注意。

在每个儿童看护中心,工作人员、家长和社区构成了一个连续体,不断地进行开放性的交流,为中心的发展共同承担责任。对方案的评估是以教育过程中的档案记录为基础的。

2.3 柏林婴儿教育模式

柏林模式和上述模式有很多共同之处,其独特之处在于:看护者对每个婴儿都有深入的了解,能够使所提供的教育经验适应于每个婴儿的发展水平。在运用有关儿童发展的信息进行课程计划和实践的过程中采用动机原则,把看护者的行为与婴儿的发展目标有机地联系在一起。

有助于深入了解每个婴儿的发展特点的核心工具是该模式所提出的发展图表。这些图表指导看护者观察和评估每个婴儿的各种能力发展,为每个婴儿建立独特的发展档案,帮助看护者全面地了解每个婴儿的特点而不受性别、年龄、种族以及社会阶层背景等刻板印象的影响,也能够帮助看护者为婴儿提供适宜的刺激,而不是提供过少或过多的刺激。

从发展档案中获得的关于婴儿的发展信息主要有两种用途:(a)作为能够激发婴儿动机的策略,调动婴儿自身发展的潜能,从而使婴儿已经形成的、具有较高水平的能力和尚处于较低发展水平的能力能够协调发展;(b)根据该档案提供的关于儿童基本行为的信息来为婴儿设计教育经验以便最大限度地为儿童提供成功的机会,提高儿童的自信心;同时也有助于在儿童与看护者之间建立相互的信任,这种信任可以成为婴儿以后探索行为的动机基础。

看护者的任务(例如,积极的情感交流、对婴儿积极的回应以促进婴儿的自我评价、增强他们的选择能力、鼓励他们的自发性、支持他们自我选择的活动、促进他们自主性的发展等)是以明确看护者的行为与儿童发展的目标之间的关系为前提的。

在柏林和慕尼黑,在公立婴儿看护中心的三次浪潮中都实施和评估了这一模式。在柏林的两次浪潮中,涉及了 133 名看护者和 264 名 1 ~ 2 岁的儿童。在慕尼黑,该方案的实施和评估曾涉及 72 名看护者和 144 名 1 ~ 2 岁的儿童。

评估所获的重要结果可概述如下:比较参与和没有参与该模式的看护者和婴儿的行为的变化,发现参与该模式的看护者和儿童都表现出了显著的行为变化。例如,看护者在表达积极的情感、应答性、对婴儿的适应性、扩展儿童的理解、给儿童自主权等方面的行为表现都有较大的变化;在应答性和自主性方面、在发展图表和贝利婴儿量表的测验成绩上,婴儿的行为也发生了较大的变化(Beller 1982,Beller et al. 1983)。对参与该模式的看护者和控制组的看护者的追踪比较研究表明,两者之间的差异在 4 年以后较之最初的比较结果更为显著。

运用托幼机构环境评价量表(Harms and Clifford 1980)进行研究,其结果表明,26 个实施该模式的托幼机构的环境质量都有明显的改善,在 7 个子量表中有 6 个子量表都达到了显著性水平。

最后,同伴互动的变化在积极行为方面(如合作)和消极行为方面(如攻击)没有差异。由此可见,托幼机构教育经验对于婴幼儿的亲社会行为与反社会行为的影响还有待于进一步的研究。

E. K. 贝勒(E. K. Beller) 著
刘 焱 袁忠英 译

附录

Beller E K 1982 Intervention in der frühen Kindheit. In:Oerter R, Montada L(eds.)1982 *Entwicklungspsychologie ein Lehrbuch*. Urban and Schwarzenberg, Münich

Beller E K, Stahnke M, Laewen H J 1983 "Krippenprojekt." Le projet de recherche Berlinois sur la crêche: Un rapport empirique. *Enfance*

Bernstein B 1964 Social class, Speech systems and psychotherapy. In: Riessman F, Cohen J, Pearl A (eds.)1964 *Mental Health of the Poor: New Treatment Approaches for Low Income People*. Free press of Glencoe, New York

Berrueta-Clement J R, Schweinhart L J, Barnett W S, Epstein A E, Weikart D P 1984 *Changed Lives: The Effects of the Perry Preschool Program on Youths through age 19*. High/Scope Press, Ypsilanti, Michigan

Bloom 1964 *Stability and Change in Human Characteristics.* Wiley, New York
Caldwell B M, Richmond J B 1964 Programmed day care for the very young child: A preliminary report. *Marriage Fam.* 26:481—488
Clarke-Stewart K A 1984 Day care: A new context for research and development. In: Perlmutter M (ed.) 1984 *The Minnesota Symposia on Child Psychology*, Vol. 17. Erlbaum, Hillsdale, New Jersey
Clarke-Stewart K A 1989 Infant Day Care: Maligned or malignant. *Am Psychol.* 44(2):266—273
Dewey J 1945 *The School and Society.* University of Chicago Press, Chicago, Illinois
Erikson E H 1950 *Childhood and Society.* Norton, New York
Golden M et al. 1978 *The New York City Infant Day Care Study.* Medical and Health Research Association of New York City, New York
Gunnarson L 1978 *Children in Day Care and Family Care in Sweden: A Follow-up.* Department of Educational Research, University of Gothenburg, Gothenburg
Harms T, Clifford R M 1980 *Early Childhood Environment Rating Scale.* Teachers College Press, New York
Haskins R 1985 Public school aggression among children with varying daycare experience. *Child Dev.* 56(3): 689—703
Hunt J McV 1964 The psychological basis for using preschool as an antidote for cultural deprivation. *Merrill Palmer Q.* 10(3):209—248
Lally J R, Mangione P, Honig A S 1987 *Long Range Impact of an Early Intervention with Low Income Children and their Families.* Far West Laboratory for Educational Research and Development, San Francisco, California
Macrae J W, Herbert-Jackson E 1976 Are behavioral effects of infant day care program specific? *Dev. Psychol.* 12(3):269—270
Ramey C T, Campbell F 1979 Early childhood education for psychosocially disadvantaged children: Effects on psychological processes. *American Journal of Mental Deficiency* 83(6):645—648
Spitz R A 1945 Hospitalism: An inquiry into the genesis of psychiatric conditions in early childhood. *Psychoanalytic Study of the Child*1:153—172

其他参考文献

Ainsworth M D S, Wittig B A 1969 Attachment and exploratory behavior of one-year-olds in a strange situation. In: Foss B M(ed.) 1969 *Determinants of Infant Behavior*, Vol. 4. Methuen, London
Caldwell B M, Freyer M 1982 Day care and early education. In: Spodek B(ed.) 1982 *Handbook of Research in Early Childhood Education.* Free Press, New York
Robinson H J, Robinson N M 1971 Longitudinal development of very young children in a comprehensive daycare program: The first two years. *Child Dev.* 42(6): 1673—1683
Saunders M M 1972 Some aspects of the effects of daycare on infants' emotional and personality development. (Doctoral thesis, University of North Carolina, Greensboro)

学步儿方案(Toddler Programs)

由于越来越多的学步儿的母亲加入劳动力大军,为12~36个月幼儿服务的学步儿方案的数量正随着21世纪的到来在世界范围内迅速增长。这些学步儿方案由不同的机构提供,包括家庭托儿所、较大规模的公立或私立的儿童看护中心等。所有这些托幼机构都带有特定的文化特征。因此,对它们的质量的评价必须以它们所处社会的文化价值观和社会政策为依据。本词条将首先介绍工业化国家关于儿童看护方案的大部分的最新研究,然后总结有关学步儿方案的为数不多的几个研究,最后就如何提供高质量的学步儿方案而开展进一步的研究提出一些建议。

1. 关于儿童看护方案的研究

1.1 美国的儿童看护方案

20世纪80年代见证了关于儿童看护研究的

三次浪潮。第一次研究浪潮开始于“日托中心究竟对儿童有益还是有害”这个问题的探讨。研究结果表明,对这个问题的回答必须以对托幼机构教育质量的调查结果为依据,而不能用简单的“是”或“不是”的答案来回答。第二次研究浪潮则更关注各个日托中心之间的差异,包括社会性结构方面的差异(例如班级规模、师幼比)以及师幼互动的数量和质量(例如语言的使用、身体的接触等)的差异等,因为这些差异可能会影响幼儿在日托中心获得的经验。

在美国,关于儿童看护的第二次研究浪潮的结果和以往关于儿童发展的研究一起,都被吸纳进了全美幼教协会(the National Association for the Education of Young Children, NAEYC)关于0~8岁儿童的发展适宜性教育问题(Bredekamp 1987)的声明中。该声明指出,托幼机构教育的发展适宜性是托幼机构教育质量的决定性因素。发展适宜性包含两个维度,即年龄适宜性和个体适宜性。所谓发展适宜性是指教师或看护者的行为、期望和目标能够反映幼儿的年龄特点和个体特点的程度。就学步儿而言,NAEYC的申明指出,学步儿教育机构中的看护者要把学步儿时期看作是儿童发展过程的一个独特的阶段,需要拥有关于学步儿发展特点的知识,他们还应当认识到每个学步儿都是一个有着自己独特的个性、生理特点和喜好等的独特的人。

关于儿童看护研究的第三次浪潮开始于20世纪80年代中期,这次研究的焦点是:“我们怎样才能使日托中心变得更好?”(Phillips and Howes 1987)菲利普(Phillips 1987)介绍了在美国和加拿大进行的五项重要研究,这些研究分别在芝加哥、百慕大、宾夕法尼亚、洛杉矶和维多利亚进行。克拉克·斯图尔特(Clarke-Stewart)总结了这五项研究,指出高质量的儿童看护具有以下特征:

> 学步儿项目获得认证许可(通常由一个儿童看护中心提供该项目),幼儿与看护者之间的言语的和教育性的互动很频繁,而不是一种监管性的、控制性的互动;成人不是让幼儿自己在毫无目的的游戏中浪费时间;师幼比是合适的……看护者接受过儿童发展知识方面的适当培训,拥有一定程度的关于儿童看护的专业经验和较长时间的工作经历。(1987 P.118)

这些研究结果导致了20世纪90年代关于儿童看护研究的第四次研究浪潮,这次研究提出的一个问题是:“为什么在我们对幼儿如何学习与发展以及高质量的儿童看护的构成因素有了相当多的了解以后,我们还无法将这些认识转化为实践?”为解决这个问题,在1988年开展了关于全美儿童看护从业人员状况研究(Whitebook et al. 1989a)。该研究调查了5个大城市的227所儿童看护中心的看护质量,得出的主要结论是:美国的儿童看护是不适宜的。在最后的报告中,研究者写道:

> 由于对托幼机构服务的需求刚刚萌芽,消费者支付这种看护服务的全部费用的能力薄弱,来自政府或其他机构的资金支持也很有限,因此我们的国家在无形中采取了一种依赖于看护机构教师低廉的工资作为看不见的补贴的儿童看护政策。(P.3)

支持以上结论的主要事实是:(a)教师的工资非常低;(b)接受过正规教育和学前教育方面专业化的培训的教师数量很少;(c)政府没有制定关于师幼比、教师的教育培训和工资报酬等方面的标准(Whitebook et al. 1989b),这些结果直接导致了较高的教师流失率(41%),而且也很难吸引合格的教师。在学步儿的看护机构中这些问题变得更为严重(Whitebrook et al. 1989)。

1.2 欧洲的儿童看护方案

正如在美国一样,在欧洲的所有国家儿童看护的质量在不同的机构之间存在着很大的差异。下面我们将简单介绍法国的一些颇具特色的托幼机构以及意大利一所赢得高度赞扬的机构。1989年,法一美基金会开展了一项研究,组织一些来自美国的研究者访问和考察了法国的一些儿童看护机构的特点。该研究的目的是确定法国的儿童看护实践中有哪些经验是可以被运用到美国,适用于美国儿童看护的需要和情况(Richardson and Marx 1989)。研究人员发现,在法国,国家的儿童看护政策得到了强大的支持，包括接受过高水平培训的教师、与儿童看护有关的预防疾病和健康保护项目、根据父母的支付能力来确定3岁以下儿童的看护费用、为3～5岁幼儿提供的免费的托幼机构教育以及为幼儿提供的设计良好的空间和材料等等(Hechinger 1990, Richardson and Marx 1989)。一旦这些政策被实施，儿童看护的质量就能够达到一个较高的水平。但是，这些政策能否得到实施，主要取决于地方政府或地区主管部门(Leprince 1991)。因此，勒普瑞斯(Leprince)指出，在法国儿童看护的质量在不同地区之间存在着很大的差异。

在意大利的部分地区也发现了一些质量较高的儿童看护。纽(New 1990)认为，在意大利北部的瑞吉欧—艾米利亚地区存在着“在整个西欧由社区支持的儿童看护系统中最著名的一个机构”(P.4)。在这个社区有22所社区幼儿园和13所婴儿/学步儿看护中心。后者为本社区中88%的婴儿和学步儿提供日托服务。尽管没有开展相关的实证研究，但纽(New 1990)和凯茨(Katz 1990)已经指出了这种模式的幼儿教育机构所具备的显著特征。这些特征包括：在幼儿园生活的3年期间不改变幼儿和教师构成的班级群体、强有力的家庭和学校之间的联系、以项目为基础的教学、儿童看护环境高度的可见性和可感知性、教师非常尊重他们所负责看护的幼儿并对他们寄予很高的期望。

2. 关于学步儿方案的研究

在20世纪80年代，许多重要的研究都把研究的重点放在高质量的儿童看护的构成和影响因素上，只有小部分研究关注到学步儿方案。事实上，学步儿这个年龄群体可能是研究者最容易忽视研究的群体，但仍有一些例外。美国的豪斯(Howes 1987)比较了在8所质量高低不同的儿童看护中心中18个月、24个月、30个月、36个月婴儿发展的情况。研究者把师幼比、看护者的稳定性、特殊的看护培训作为指标，考察了看护机构的看护质量。豪斯认为，那些最能满足学步儿发展需要的看护机构，往往师幼比较低，看护者具有稳定性而且训练有素。

在以色列进行的一项研究对3种不同类型的儿童看护机构(家庭托儿所、儿童看护中心和以色列农场)的学步儿的日常经验进行了研究，罗森塔尔(Rosenthal 1988)发现，教育环境的质量(通过班级规模、对看护者的培训、机构的情绪氛围等指标来评价)而非儿童看护机构的类型造成了幼儿学习经验之间的差异。

在美国一项针对儿童看护中心的4岁幼儿和2岁幼儿的教师所进行的研究中，克劳兹·伊西特等人(Krause Eheart et al. 1989)发现，学步儿教师的行为、期望和目标与4岁幼儿的教师之间一般来说没有显著差异。假设学步儿的需要和能力发展在许多重要的方面都不同于年龄稍大的幼儿，那么这个发现就相当令人不安了。前面讨论过的全美儿童看护从业人员状况研究(NCCSS)为这一研究结果提供了支持。

NCCSS(Whitebook et al. 1989a)的最终研究报告详细描述了151间学步儿教室的具体特征。根据托幼机构环境评价量表(Harms and Clifford 1980)上的得分显示，只有5.4%的教室在发展适宜性的活动项目上得分为良好或优秀；超过25%的学步儿教室被评为“合格”或是“存在着潜在危险”；将近半数(47.5%)的学步儿教室在“适宜的看护”这个项目上的得分都低于“良好”。研究还考察了师幼比例。超过50%的学步儿教室的师幼比要高于5:1，其中有15%的学步儿教室的师幼比甚至高于8:1。至于班级规模，在大约63.1%的学步儿教室中，每个小组的学步儿数量介于2～10个之间；在32.2%的学步儿教室中，每个小组学步儿的数量介于10～16个之间；在剩下的4.7%的学步儿教室中，每个小组则拥有16个、甚至更多的学步儿。

除了这些传统的、与高质量儿童看护有关的变量之外，NCCSS还考察了学步儿教育机构中所采用的“折叠式”(accordion)的分组方式。研究发现大多数看护中心都采用了折叠式分组方式。作者解释道：

> 在这种折叠式的分组方式中，学步儿在一天之内需要更换教室。他们通常会在一个较大规模的班级中开始一天的生活。然后在上午的9点到下

午的5点这段时间内，分成不同的小组进行活动（有时候重新分组的次数不止一次）。在傍晚准备离园之前，所有的小组又合成为一个较大规模的班级。（Whitebrook et al. 1989a P. 83）

只有36.7%的学步儿教室从不使用这种折叠式的分组方式。作者认为，一天之中教室和教师的更换可能会使幼儿感到十分迷惑和混乱。

研究发现，学步儿看护的质量与同样适宜性较差的幼儿园（招收37—60个月的幼儿）的看护质量之间不存在显著差异。NCCSS的研究结果与摩尔会什和莫斯（Melhuish and Moss 1991）的研究结果十分相似。摩尔会什和莫斯比较了英国、法国、瑞典、东德和美国这5个国家中3岁以下幼儿的看护方案。他们发现在所有这些国家中，儿童看护从业人员的培训、社会地位、工资和就业的资格条件通常都非常低。即便是在瑞典、东德和法国等政府承担儿童看护的一般责任的国家，研究结果也是相同的。

2.1 家庭托儿所

在一些国家，几乎没有公共资金投入到儿童看护的领域中来（例如在英国和美国）。因此，在这些国家大部分学步儿（以及其他年龄的幼儿）都是由妇女在自己的家里提供看护服务的（即家庭托儿所）。很少有关于家庭托儿所的研究。在美国，这些家庭托儿所往往接受不同年龄的幼儿，学步儿并没有成为家庭托儿所研究的重点。克劳兹·伊西特和利维特（Krause Eheart and Leavitt 1989）在一项研究中调查了将近100名家庭托儿服务的提供者，并且作为参与性观察者在7所家庭托儿所进行了为期一年的观察。他们发现，家庭托儿服务的提供者试图为幼儿提供充满爱心、敏感、富有游戏性的环境，但实际上在实践中是不多见的。研究者发现，家庭托儿服务的提供者往往没有接受过任何培训，也很少利用各种支持性的服务系统。英国的全国家庭托儿服务提供者协会所进行的一系列研究，考察了家庭托儿服务提供者（childminders）的培训状况及对各种服务的利用情况，也得到了同样的研究结果（Moss 1991）。这些研究发现，如果所提供的培训项目仅仅是作为一种服务，那么家庭托儿服务提供者很少去参加。

3. 如何提供高质量的学步儿看护服务的进一步研究

在人的整个生命历程中，没有一个时期像12～36个月这一过渡时期（我们称之为学步儿期）这样复杂。我们已经知道学步儿是如何成长和发展的，也了解了高质量的学步儿看护服务的构成因素。但是除了这些实证性的知识以外，仍然不断地有证据表明人们非常担心学步儿看护服务的质量。在儿童看护服务研究的第四次浪潮中所提出的“如何将众所周知的实证性的知识转化为实践”这个问题引发了有待研究的几个课题。首先，需要对学步儿教育方案、尤其是那些有效的方案进行更多的研究；其次，需要像NDCSS的研究那样深入考察看护人员的培训、地位、工资以及工作条件等问题；第三，需要注意考察那些与质量相关的新的变量，例如要研究折叠式分组方式对学步儿的发展、对学步儿机构中的愉悦体验的影响以及和学步儿的发展结果之间的关系；第四，需要制定评价看护服务的质量的工具，包括测评这种服务符合发展适宜性要求的程度。正如摩尔会什和莫斯（1991）所指出的那样，“能够促进国家之间的相互学习的跨国比较研究应当明显地获得进一步扩展”（P. 214）。在多种研究项目上的跨国合作可以加强研究结果对政策的影响，最终能够在世界范围内促进学步儿看护服务质量的改善。

B. 克劳斯（B. Krause） 著

刘 焱 刘峰峰 译

附录

Bredekamp S 1987 *Developmentally Appropriate Practice in Early Childhood Programs Serving Children from Birth through Age 8: Expanded Edition.* National Association for the Education of Young Children, Washington, DC

Clarke-Stewart K A 1987 In search of consistencies in child care research. In: Phillips D(ed.) 1987

Harms T, Clifford R 1980 *Early Childhood Environment Rating Scale.* Teachers College Press, Columbia

University, New York

Hechinger F 1990 *About education: Why France outstrips the United States in nurturing its children. New York Times*, August 1

Howes C 1987 Quality indicators in infant and toddler child care: The Los Angeles study. In: Phillips D (ed.) 1987

Katz L 1990 Impressions of Reggio Emilia preschools, *Young Children* 45(6):11—12

Krause Eheart. B. Leavitt R 1989 Family care homes: Discrepancies between intended and observed caregiving practices. *Early Childhood Research Quarterly* 4 (1):145—162

Krause Eheart B. Steinkamp M, Logue M E 1989 Child age and teacher training: Their relationship to day care teachers' behaviors, expectations, and goals. Poster session presented at the Society for Research in Child Development meetings, Kansas City

Leprince F 1991 Day care for young children in France. In: Melhuish E, Moss P(eds.) 1991

Melhuish E, Moss P(eds.) 1991 *Day Care for Young Children: International Perspectives*. Tavistock/Routledge, London

Moss P 1991 Day care for young children in the United Kingdom. In: Melhuish E, Moss P(eds.) 1991

New 1990 Excellent early education: A city in Italy has it. *Young Children*45(6):4—10

Phillips D(ed.) 1987 *Quality in Child Care: What Does Research Tell Us?* Research Monograph of the National Association for the Education of Young Children, Washington, DC

Phillips D, Howes C 1987 Indicators of quality childcare: Review of research. In: Phillips D(ed.) 1987

Richardson G, Marx E 1989 *A Welcome for Every Child: Practical Ideas for the United States*. French-American Foundation, New York

Rosenthal M 1988 Daily experiences of toddlers in three child care settings in Israel: Family day care, center day care, and kibbutz, ERIC Clearinghouse on Elementary and Early Childhood Education, PSO 17992(ERIC Doc. No. ED 312029)

Whitebook M, Howes C, Phillips D 1989a *Who Cares? Child Care Teachers and the Quality of Care in America. Final Report: National Child Care Staffing Study*. Child Care Employee Project, Oakland, California

Whitebook M, Howes C, Phillips D, Pemberton C 1989b Research report: Who cares? Child care teachers and the quality of care in America. *Young Children*45(1):41—45

其他参考文献

Gonzalez-Mena J, Eyer Widmeyer D 1989 *Infants, Toddlers, and Caregivers*. Mayfield, Mountain view, California

Leavitt R, Krause Eheart B 1985 *Toddler Day Care: A Guide to Responsive Caregiving*.

Zero to Three bulletin published five times a year by the interdisciplinary National Center for Clinical Infant Programs, Arlington, Vinginia.

儿童早期评价(Assessment in Early Childhood)

儿童发展的测量或评价是人们非常关注的事情。无论在美国还是在欧洲,评论家纷纷指责儿童发展评价对幼儿教育的消极影响(Meisels 1987),指出这种评价带来的对教师的绩效要求使得教师"处于困境"(Broadfoot and Grant 1990)。本词条主要讨论实施适当的评价所必需的条件,包括四个部分:第一,儿童早期评价应该遵循的关于儿童发展和评价的基本原则;第二,为了获得在心理测量学上有效的、有关儿童发展的数据所必须解决或克服的几个问题或困难;第三,评价的方法与手段,重点在于讨论通过多种渠道获得评价信息的重要性;最后,如何根据早期获得的评价资料预测儿童以后的发展结果。

1. 儿童发展和评价的原则

对评价者而言,试图评价出生第一年的婴儿将面临诸多的挑战。在本词条中,评价又被称为测量,基本上是一个抽取样本收集数据的过程,即从一个特定的视角,利用特定的仪器或者记录工具,在特定的时间段记录描述儿童发展的片断。麦丘恩(McCune et al. 1990 P. 220)把早期评价定义为一种取样行为,即:呈现特定的任务、观察特殊的反应以"确定(儿童的)潜能的性质以及儿童组织世界的方式"。因此,儿童早期评价的测验项目在设计意图上是推论性的,或者说它允许我们从其他相同或相关的任务中进行推论。例如,"当我们让儿童把一块积木放在一个杯子中时,我们想了解的是儿童对'容器'和'容量'的理解、他们控制动作的能力、他们对成人要求的理解。按照这种观点,评价的基本目的就是在测验时判断儿童已经达到的发展水平和儿童有效组织其能力的方式"(McCune et al. 1990 P. 220)。

在早期儿童发展领域中真正具有权威性或根本性的心理测量项目或评价工具还有待于去发现,如果这样的项目或工具能够被设计出来的话。由于人类发展的复杂性、发展变化的速度、幼儿的脆弱性、周围环境对人类机体的扰乱以及个体之间的差异等原因,早期儿童评价必须坚持采用多种指标和多种信息源相结合的复合性测量策略。

1.1 幼儿发展观

从研究文献中可以发现关于儿童发展的一些基本的观察资料,这些资料为评价活动提供了理论基础或基本原则。鉴于这些理论基础已经在其他地方被详尽地加以讨论(Meisels and Provence 1989),在这里我们只是简单地提一下其中三个方面的问题:

(a)从生命之初开始,儿童的发展就是复杂的,受到了许多因素的影响。评价儿童的发展必须考虑儿童在各个领域的发展状况,包括他们的语言、活动能力、认知能力、经验的组织方式以及心理社会性和情感的发展。但是,这些不同领域的发展并不是彼此独立或截然分开的,相反它们是相互依赖的,而且以一种我们或许还不能完整地加以描述的方式相互作用(Emde 1981)。确实,人类处于发展中的能力的相互作用的特性意味着评价的设计必须是复合型的,而不是只侧重于发展的某个方面。

(b)新生婴儿和幼儿的特征受到环境的影响,环境可以支持、促进或阻碍他们的发展。这些对于环境非常敏感的特征包括婴儿"共享的、种群特有的生物遗传特征,婴儿独特的基因组织,在子宫内的生活状况,母亲的健康,在分娩生产时及随后发生的事件"等(Meisels and Provence 1989 P. 11)。对幼儿园的幼儿而言,教养环境的质量是最重要的环境影响因素。就这一点而言,托幼机构的教养环境又深受看护者个体和群体的能力的影响(Garbarino 1990, Sameroff and Fiese 1990)。所以,评价必须包括儿童的环境,或者必须通过某种方式把环境对发展的影响纳入到评价之中。

(c)在幼年期,社会和文化因素主要通过父母的中介发挥其影响。儿童的世界依赖于父母所给予的解释,而父母本身又深受自己生活阅历的巨大影响。因此,不管是来自于内部的还是来自外界的各种家庭压力都可能影响到儿童,是否影响到儿童部分在于成人如何处理压力并把压力作为一种支持以缓解压力的能力(Dunst and Trivette 1990, Krauss and Jacobs 1990)。因此,要理解儿童所面临的困难和压力,就同样需要理解他们的父母在生活中所面临的困难和压力。

虽然,早期儿童评价和对年长儿童的评价有着许多共同的特点,但是两者的不同之处在于早期儿童评价具有很强的推论性以及它强调从多维度对幼儿进行评价,在更广的背景下观察幼儿而不是孤立地仅仅依据信息做出推论(Meisels 1984)。简言之,早期儿童评价必须遵循情境化原则,因为"约束或支持特殊的情境所固有的因素可以改变呈现任务的情境的性质"(Messick 1983 P. 479)。在实施和解释早期儿童评价的技术中,情境起着重要的作用。

2. 早期儿童评价中存在的问题

早期儿童评价的一个显著的特征是一些问题会反复出现,梅西克(Messick 1983)称之为"发展变化问题"。下面是梅西克提出的早期儿童测量中存在的基本问题:

(a)应当测量哪些特征或变量?

(b)对他们的测量是否适宜——尤其是,测量分数是否能够很好地解释所欲评价的特征或变量的结构?

(c)如何解释观察到的变化——尤其是,随着时间的推移,分数是否还具有同样的意义?或者它是否反映了性质不同的相关特征或变量的结构?

(d)与干预方案相关的变化能否得到因果关系的解释——尤其是,这些变化能否归因于具体的儿童看护或教育措施?

(e)评价和评估结果能否推广到其他人群和其他环境?

梅西克强调,虽然这些问题本身很难回答,但是"由于幼儿期测量的奇特性和儿童早期的飞速发展,使得这些问题变得更加困难"(P. 478)。

许多用于年长儿童的评价工具并不适用于学龄前儿童。例如,下面的测量方法就不能用于确定幼儿发展的常模(正常趋势):纸笔问卷调查;长时间的访谈;抽象的提问;令人疲倦的评价记录;极其新奇的情境或要求;以及客观评分的多项选择题测验。

1988年5月,欧共体成员会议在英国举行,会议提出了一些被认为具有消极影响的类似的评价问题。这些问题有:假设的提出主要都是以常模为参照标准;过分重视评价的总结性目的;评价局限于以认知和/或内容为主的"学业"课程;把学生当作评价的被动接受者等(Weston 1990 P. 490)。

前面已经描述了有效的早期评价所面临的一些主要问题或困难,现概括如下(Bailey and Wolery 1989, Martin 1986):

(a)幼儿理解评价线索的能力是有限的。评价线索包括言语指示、言语刺激、情境线索或文字说明和刺激。由于幼儿不会阅读,所以广泛应用于年长儿童、青少年、成人的行为评价和人格评价技术——即书面自我报告的测量方式——不能应用于幼儿(Martin 1986)。同样,由于幼儿所掌握的词汇量和概念非常有限,因而对学前儿童不能采用意义访谈的方式,除非在测试内容高度结构化的情境中,此时儿童的反应方式与其反应内容同样重要。

(b)幼儿的语言和感知/运动反应能力是有限的。幼儿有限的言语能力要求测验者要根据儿童外在的动作行为或父母的报告(而非儿童的直接反应)去推测儿童是否理解某个概念或是否掌握特定的认知技能(Bailey 1989)。学前儿童能对图画做出反应,并能根据视觉刺激创编故事,但是由于这些反应可能简短或者有限,因而只能提供相对较少的解释信息。婴幼儿期的发展变化迅速,这意味着同一个孩子在不同时期的评价结果可能截然不同。

(c)某些类型的问题需要复杂的信息加工技能,幼儿很难回答这些问题。马丁(Martin 1986)指出:"'你喜欢上幼儿园吗?'这个问题要求儿童在做出反应之前,先要回忆积极的和消极的事件,并根据这些事件的重要性做出不同的权衡。学前儿童最有可能把最后发生的重要事件,或那天他或她的感受作为回答的基础。虽然,这并没有使回答不重要,但是却以明显的方式改变了对回答的解释。"(P. 217)

(d)幼儿可能很难理解评价情境中的要求特点,他们可能无法控制自己的动作来满足这些要求。一项研究对5~6岁儿童实施了团体标准化成就测验,结果表明,儿童的行为是随意的而非标准化的。他们离开自己的凳子,喊出答案,努力相互帮助,表现出破坏性行为,或不能参与测验(Wodtke et al. 1989)。马丁(1986)也指出儿童在评价中的行为表现受到多种因素的影响,例如疲劳、厌烦、饥饿、疾病或因为离开父母而感到害怕,甚至评价情境也可能使他们回忆起在医院所经历的痛苦。所有的这些因素都增加了评价结果的不稳定性。这些观察结果表明,应当对幼儿进行评价,但应当以审慎的态度、以与儿童的发展能力相一致的方式进行评价。尤其是在进行国际性的比较、或让来自不同国家的儿童在一起受教育时更应注意这些问题(Blatchford and Plewis 1990, Clay 1989, Laosa 1991)。

3. 评价方法与手段

3.1 评价设计

适宜的评价设计就是在有意义的情境中运用适当的评价工具,根据最佳实践原则来进行评价。许多研究和文献资料详细说明了幼儿的筛选和评价的原则(Meisels 1987,1989a,1989b;Meisels and Provence 1989)。这些原则主要涉及了评价的过程以及实际的评价工具或评价程序的选择和使用两个方面。为什么要集中在过程和程序上呢？因为根据发展适宜性原则,某些类型的工具在评价过程中可能是适宜的,有的则可能是不适宜的、无法接受的。

由于要使评价原则与评价程序的特征相匹配,因此,重要的是认真谨慎地分析和理解评价程序,考察其心理测量属性和研究。本词条的参考书目将提供更多的相关信息(Bailey and Wolery 1989, Krauss and Jacobs 1990, Martin 1986, Meisels and Provence 1989)。

3.2 评价工具

许多出版物描述和批判了不同年龄阶段的测验和测量。迈泽尔斯和普罗旺斯(Meisels and Provence 1989)列举了41 种不同的评价工具,它们分别用于评估幼儿发展的 7 个方面:筛选测验、总体发展量表、认知评价工具、交往评价工具、动作评价工具、社会性/情感评价和自我服务评价工具。马丁(1986)描述了 12 份学前等级评定量表。这些评价工具只是一些例子。使用其中的任何评价工具都不会确保评价会根据所推荐的指导方针得到实施。相反,这些评价工具的设计是为了突出一些有代表性的工具以及提供一些相关信息。

4. 寻找预测发展的因素

仅仅依靠在儿童早期评价中获得的资料来对儿童的发展作长期的预测是无论如何不可行的,这在发展研究中已成为一条经典性准则。麦考尔(McCall)和他的同事共同主持的研究(Kopp and McCall 1982, McCall 1979, McCall et al. 1973, McCall et al. 1977)表明,出生第一年或头两年,个体差异的不稳定性已经在心理测验成绩中表现出来。对正常发育的儿童来说,在 2 岁左右,心理发展的稳定性随年龄增长,一直到 5 岁左右这种稳定性都在不断地飞速发展[高危儿童及残疾儿童的稳定系数的增加出现得更早(Kopp and McCall 1982, Wachs and Sheehan 1988)]。在评价背景中进行预测似乎具有合理性,因为评价的目的之一就是对儿童未来的行为或处于发展中的能力和表现做出预测。但是,评价的另一个同样有效的功能就是描述、记录、或者将同时期的行为列入目录。换言之,预测效度(predictive validity)是评价的一个特征,共时效度(concurrent validity)也是评价的一个特征。

正如麦考尔(1982)提醒我们的,发展意味着变化,若长期预测的结果让人越来越失望,这也不足为奇。麦考尔指出儿童发展的趋势实际上并非是一次到位的,而且,这种趋势是无法预测的。尽管我们不能根据婴儿期的评价来预测儿童在 6 岁时的 IQ,但这并不意味着我们不可能获得有意义的、可解释的关于组间的和组内的差异的结果。

同时,共时效度可能与预测效度没有关系。而且,早期评价和以后的评价之间可能存在着一条非线性的演进路径。只有综合性的、纵向的和多变量的设计能够检验这一理论。这样一种纵向设计能够考察在特定时间以特定方式获取的变量中,哪些变量才能区分学龄儿童的能力的强弱或有无。虽然我们预测学业成功的指标并不准确,而且还常常简单地强调社会经济地位这一单一变量,但是预测中存在的问题不只是来自所测量的现象本身,还来自于评价和评价设计问题。

换句话说,必须在每一步或每一环节来增强早期评价与以后评价之间的联系。必须认真选择预测指标,系统理解指标的各个维度;一定要清楚地描述协同变量,取样要能覆盖全体;必须根据最佳实践原则以及当前儿童发展研究,来确定评价方法。只有满足了这些条件,我们才能真正理解早期评价教给我们的意义。

S. L. 迈泽尔斯(S. L. Meiseeeeels) 著

孙红芬 陈 辉 译

附录

Bailey D B 1989 Assessment and its importance in early intervention. In: Bailey D B, Wolery M (eds.) 1989 Merrill, New York

Bailey D B, Wolery M (eds.) 1989 *Assessing Infants and Preschoolers with Handicaps*. Merrill, Columbus, Ohio

Blatchford P, Plewis I 1990 Pre-school reading-related skills and later reading achievement: Further evidence. *Br. Educ. Res. J.* 16(4):425—428

Broadfoot P, Grant M 1990 Records of achievement in primary schools: Some emerging issues. *J. Curric. St.* 22(5):483—488

Clay M M 1989 Concepts about print in English and other languages. *Read. Teach.* 42(4):268—276

Dunst C J, Trivette C M 1990 Assessment of social support in early intervention programs. In: Meisels S J, Shonkoff J P(eds.)1990

Emde R M 1981 Searching for perspectives: Systems sensitivity and opportunities in studying the infancy of the organizing child of the universe. In: Bloom K(ed.) 1981 *Prospective Issues in Infancy Research.* Erlbaum, Hillsdale, New Jersey

Garbarino J 1990 The human ecology of early risk. In: Meisels S J, Shonkoff J P(eds.)1990

Kopp C B, McCall R B 1982 Predicting later mental performance for normal, at-risk, and handicapped infants. In: Baltes P B, Brim O G(eds.)1982 *Life-span Development and Behavior* Academic Press, New York

Krauss M W, Jacobs F 1990 Family assessment: Purposes and techniques. In: Meisels S J, Shonkoff J P (eds.)1990

Laosa L M 1991 The cultural context of construct validity and the ethics of generalizability. *Early Childhood Research Quarterly* 6:313—323

Martin R P 1986 Assessment of the social and emotional functioning of preschool children. *School Psychology Review*15(2):216—232

McCall R B 1979 The development of intellectual functioning in infancy and the prediction of later IQ. In: Osofsky J(ed.), *Handbook of Infant Development.* Wiley, New York

McCall R B 1982 A bard look at stimulating and prediction development: The cases of bonding and screening. *Pediatrics in Review* 3:205—212

McCall R B, Appelbaum M I, Hogarty P S 1973 Developmental changes in mental performance. *Monographs of the Society for Research in Child Development* 38 (3):Serial No. 150

McCall R B, Eichorn D H, Hogarty P S 1977 Transitions in early mental development. *Monographs of the Society for Research in Child Development* 42(3):Serial No. 171

McCune L, Kalmanson B, Fleck M B, Glazewski B, Sillari J 1990 An interdisciplinary model of infant assessment. In: Meisels S J, Shonkoff J P(eds.)1990

Meisels S J 1984 Prediction, prevention and developmental screening in the EPSDT program. In: Stevenson H W, Siegel A E(eds.)1984 *Child Development Research and Social Policy* University of Chicago Press, Chicago, Illinois

Meisels S J 1987 Uses and abuses of developmental screening and school readiness testing. *Young Children* 42(2):4—6, 68—73

Meisels S J 1989a Can developmental screening tests identify children who are developmentally at-risk? *Pediatrics* 83(4):578—585

Meisels S J 1989b *Developmental Screening in Early Childhood: A guide*, 3rd edn, National Association for the Education of Young Children, Washington, DC

Meisels S J, Provence S 1989 *Screening and Assessment: Guidelines for Identifying Young Disabled and Developmentally Vulnerable Children and their Families.* National Center for Clinical Infant Programs, Washington, DC

Messick S 1983 Assessment of children. In: Kessen W (ed.)1983 *Handbook of child Psychology* 4th edn., Vol. 1. Wiley, New York

Sameroff A J, Fiese B H 1990 Transactional regulation and early intervention. In: Meisels S J, Shonkoff J P (eds.)1990

Wachs T D, Sheehan R (eds.) 1988 *Assessment of Young Developmentally Disabled Children.* Plenum, New York

Weston P 1990 The impact of assessment: Developing a European perspective. *J. Curric. St.* 22(5):489—492

Wodtke K H, Harper F, Schommer M, Brunelli P 1989. How standardized is school testing? An exploratory observational study of standardized group testing in kindergarten. *Educ. Eval. Policy Anal.* 11 (3): 223—235

其他参考文献

Meisels S J, Shonkoff J P (eds.) 1990*Handbook of Early Childhood Intervention*. Cambridge University Press, New York

Meisels S J, Wasik B A 1990 Who should be served? Identifying children in need of early intervention. In: Meisels S J, Shonkoff J P(eds.)1990

Sameroff A J, Seifer R, Barocas R, Zax M, Greenspan S1987 Intelligence quotient scores of 4-year old children: Social-environmental factors. *Pediatrics* 79:343—350

Werner E E 1986 A longitudinal study of perinatal risk. In: Farran D C, McKinney J D (eds.)1986 *Risk in Intellectual and Psychosocial Development* Academic Press, Orlando, Florida

入学准备(School Readiness)

围绕入学准备问题,全世界的教育工作者、医生和心理学家等已经进行了数十年的争论。在美国,由于州长和总统已经把入学准备问题作为国家六大教育目标中的第一个目标,这一问题已经引起越来越多的关注。由于认识到早期教育的重要性,该目标宣称到2000年,所有的儿童都要做好入学学习的准备。然而,尽管在入学准备的问题上曾经不乏具有历史意义的讨论,目前这一问题又再一次引起了人们的注意,但是关于入学准备的概念仍然有待于明确界定。

1. 入学准备的概念

历史上存在两种准备概念——学习准备(readiness to learn)和入学准备(readiness for school),这两种概念同时存在,而且常常被混用。第一个概念,即学习准备的概念,是由当时著名的儿童发展理论家提出的,它被普遍看作是发展的水平,即个体具备了进行某种特殊材料的学习的能力,这种能力通常是该年龄阶段的所有个体都具有的(Good 1973)。尽管有这种共识,但是在什么特殊因素影响学习准备的问题上仍然存在很大的分歧。例如,盖恩(Gagne 1970)认为学习的准备包含了三个因素:注意力、动机和发展状况。皮亚杰学派认为学习的准备涉及先前已经掌握的信息和新的刺激的整合(Piaget 1970)。布鲁纳(Bruner 1960)和他的同事则认为环境的作用更为重要。这些观点都承认多种因素影响学习的准备,包括动机、身体发育、智力、情绪情感的成熟程度和健康状况等。

第二个概念,即入学准备的概念,这才是人们谈论的主要话题。关于这一准备概念,人们也同样已经达成共识:已经为入学做好准备的儿童在身体、智力、社会性和情绪情感的发展上都达到了一定的标准。而且,为入学做好的准备通常还包括一些特殊的认知、语言和心理运动技能。

学习准备和入学准备这两个概念之间存在着重大的差异。第一个概念适用于所有年龄的学生;第二个概念只适用于幼儿,主要是指正规的学校教育的开始阶段。前一种准备是要培养的,后一种准备则代表着一种期望。前者把教育环境看作是变化的、发展的;而后者更多地把教育环境看作是静止的、固定不变的。虽然这两种概念有点背道而驰,但是两者的矛盾却代表着一种象征性的张力,由此产生了第三个概念——成熟准备(maturational readiness)。

成熟准备接受了入学准备的基本原则:希望儿童在入学前达到行为和知识方面的一定标准是正确的。但是,它也承认每个儿童具有自己的发展进度表,而且由于所有儿童并不是按同样的速度发展,因此他们不会在同时达到入学准备的标准。许多成熟论者主张,在儿童还没有为入学做好发展准备之前,与其把儿童置于超出其发展水平的学校环境之中,或者试图改革学校教育以适应儿童的个体差异,还不如让儿童远离学校。阿诺德·格塞尔(Arnold Gesell)等人提出的这种观点是为儿童提供的一份"时间的礼物",在20世纪的60年代、70

年代和80年代,美国的许多学区和家长都接受了这种观点。

2. 入学准备测验

幼儿的成熟准备通常通过测验来评价而不是由其实足年龄来决定的,这种做法往往引起争议。成熟准备测量工具的开发者宣称,这些测量工具能有效地预测幼儿在学前班的成功或失败(Ilg and Ames 1964)。而另一些人则怀疑这种过早实施的测验的结果,认为幼儿年龄尚小,无法长时间静坐并保持注意力集中,因而完全否定这种测验(Elkind 1987, Bredekamp and Shepard 1989)。此外,幼儿的发展变化是迅速的、阶段性的,具有极强的个体性,在任何特定时间进行的测验都像照快照一样,只反应那一特定时间的发展。超越那一特定时间的推论,无法反应正常儿童发展过程中的"突进和停顿"的特点。最后,许多人担心,目前还没有编制出可靠、有效的测试工具,只有很少的工具能够符合严格的标准(Meisels 1988)。因此,许多这类的测验都不能有效而完整地描述幼儿已经知道什么、他们能够做什么(Shepard and Smith 1988)。

除了对测验本身的批评外,测验结果的使用和滥用也是一个令人担心的问题。按照惯例,人们根据测验结果对儿童分班,决定他们的升、留级(Gnezda and Bolig 1989, National Association of Early Childhood Specialists in State Departments of Education 1987)。通常,学区会为没有通过测验的儿童开设特殊教育班。这种专门为"未准备好"的幼儿开设的班级有时被称为预备班、过渡班,或二年制的学前班。虽然有些研究指出这些做法具有积极的意义,但是它可能造成的后果是复杂的(Galloway and George 1986)。以后有一些资料表明,留级的后果并不是积极的而是消极的:被留级的或被剔除的幼儿会因为意识到自己没有取得正常的进步而对学校的态度变得比较消极(Shepard and Smith 1988)。

除了态度方面的后果外,早期准备测验还导致了严峻的课程问题和公平问题。加利福尼亚的入学准备工作委员会和其他团体已经发现,在此类测验中,男孩比女孩更容易被剔除出来或留级,英语为第二语言的儿童比英语为母语的儿童更有可能留级(Agee and California State Department of Education 1988)。艾伯塔教育局认识到这种准备成熟度测量的严重后果,指出由于许多儿童被贴上不够"成熟"的标签并被纳入不同的轨道,因此"最初的诊断结果就变成了自我实现的预言"(Schmidt 1984 P. 16)。当发展水平较低的儿童被筛选出来以后,对课程的调整只为了适应发展水平更高的学生的需要。结果导致学前班课程的要求越来越高(Bryant et al. 1989)。一些儿童被幸运地"筛选出来"和其他能力相近的同伴一起被归入专门的辅导小组,这种按能力分组的做法往往被归入最无效的教学策略之中。由于这种服务的数量很少,因此低收入家庭的儿童在被筛选出来以后根本就得不到任何帮助。一个矛盾的事实是,恰恰是最能够从高质量的早期教育中获益的儿童却无法得到这种教育。这些"被筛选出来"的幼儿进入学前班以后所面对的是难度更高的课程,而他们通常又不能从幼儿园教育中获益,这实际上是把这些儿童置于了双重危险之中。

3. 实足年龄作为入学标准

除了与成熟准备有关的实践方面的和公平性的问题外,理论研究也向这种概念的基本假设提出了挑战。成熟理论者认为发展先于学习。事实上,发展被看作是学习的一个先决条件。只有当发展为学习做好了准备时才能进行教学。维果茨基(Vygotsky)提出的另一种理论指出,在儿童身上至少存在着两个发展水平:他们的实际发展水平和可能的发展水平,这两者之间是最近发展区。在最近发展区中,通过问题解决、同伴合作、成人提供的支持,儿童就能获得新的能力,并进入更高的智力活动阶段(Vygotsky 1978)。这种观点把儿童看作总是为学习做好准备的学习者,认为儿童必须处在一个能够促进其学习的环境中。这种观点否定那种因为儿童没有做好准备就要被学校剔除出来的做法。相反,这种观点认为学校必须为儿童做好准备。

这种观点受到了普遍的赞同并促使人们重新把实足年龄作为入学标准。包括那些主要的专业团体在内的倡导者宣称,实足年龄是唯一公平的和明确的入学标准(NAEYC 1990)。事实上,除美国之外的大多数国家都是把实足年龄作为入学标准的(Renwick 1984)。但是,把实足年龄作为入学标准也存在着一些困难。因为在任何一个年龄——即使对于这个年龄人们极易达成共识——在儿童之间也存在着很大的差异。因此,如果要采用实足年龄标准,就必须有表述良好的、个性化的、能够适应儿童在语言能力、文化、能力、态度和学习方式等方面的差异的教育方案。这样,学校就能够采用实足年龄作为统一的入学标准,并且在儿童入学以后为他们提供同样个性化的帮助。应当指出的是,这种做法与迄今为止一直采用的(通过测验来确定的)个别化的入学标准和(通过能力分组来进行的)入学后的同质化教育是完全不同的。

这种在目的和做法上的戏剧性的变化促使人们重新考察关于入学准备的各个不同维度。在美国,国家教育目标委员会准备资源小组已经提出了关于入学准备的五个维度的标准:身体健康、情绪情感的成熟、社会信任感、语言的丰富性和认知方面的知识(National Education Goals Panel 1991)。而且,采用基础更广泛的入学准备的评价方法也正在人们的考虑之中,它包括对儿童的健康、幼儿园教育方案的性质、父母对孩子的早期学习的支持能力等的内容的评价。这些数据将通过直接测量的方法来收集,例如父母的报告、教师的观察评价和作品档案袋中所反映出来的儿童的实际表现。

4. 结论

在20世纪90年代初,关于入学准备的结构人们有了更多的了解;数十年来根深蒂固的信念正在被逐步替代。一度占优势的成熟主义的准备观及与之相关的测验正在被一种更恰当的和多维度的入学准备观所取代。要实践这一新的观念,学校和班级必须能够适应儿童之间的发展差异。简言之,当今的入学准备观向成人和学校提出了更高的要求。一如"入学准备"一词的字面含义,它要求学校为儿童做好准备。

S. L. 卡根 (S. L. Kagan) 著

刘 焱 孙红芬 译

附录

Agee J L/California State Department of Education 1988 *Here They Come: Ready or Not! A Report of the School Readiness Task Force*. California State Department of Education, Sacramento, California

Bredekamp S, Shepard L A 1989 How to best protect children from inappropriate school expectations, practices, and policies. *Young Children*44:14—24

Bruner J 1960 *The Process of Education*. Harvard University Press, Cambridge, Massachusetts

Bryant D, Clifford R, Peisner E 1989 *Best Practices for Beginners: Quality Programs for Kindergartners*. Frank Porter Graham Child Development Center, Chapel Hill, North Carolina

Elkind D 1987 *Miseducation: Preschoolers at Risk*. Knopf, New York

Gagne R M 1970 *The Conditions of Learning*, 2nd edn. Holt, Rinehart and Winston, New York

Galloway J, George J 1986 Junior kindergarten. *Educ. Leadership*44(3):68—69

Gnezda M T, Bolig R 1989 A national survey of publicschool testing of prekindergarten and kindergarten children. Paper commissioned by the National Forum on the Future of Children and Their Families of the National Academy of Sciences and the National Association of State Boards of Education

Good C V 1973 *Dictionary of Education*, 3rd edn. McGraw-Hill, New York

Ilg F L, Ames L 1964 *School Readiness: Behavior Tests Used at the Gesell Institute*. Harper and Row, New York

Meisels S 1988 Developmental screening in early childhood: The interaction or research and social policy. *Annual Review of Public Health*9:527—550

National Association for the Education of Young Children 1990 Position statement on school readiness. *Young Children* 46(1):21—23

National Association of Early Childhood Specialists in State Departments of Education 1987 *Unacceptable Trends in Kindergarten Entrance and Placement*. National Association of Early Childhood Specialists Lincoln, Nebraska

National Education Goals Panel 1991 *Measuring Progress Toward the National Education Goals: Potential Indicators and Measurement Strategies.* National Education Goals Panel, Washington, DC

Piaget J 1970 *Science of Education and the Psychology of the Child.* Orion Press, New York

Renwick M 1984 *To School at Five: The Transition from Home or Preschool to School.* The New Zealand Council for Educational Research, Wellington

Schmidt W H 1984 *Human Development: The Early Years.* Alberta Department of Education, Early Childhood Services, Edmonton

Shepard L A, Smith M L 1988 Escalating academic demands in kindergarten: Counterproductive policies. *Elem. Sch. J.* 89(2):135—145

Vygotsky L S 1978 *Mind in Society: The Development of Higher Psychological Processes.* Harvard University Press, Cambridge, Massachusetts

学前教育中的家长教育(Parent Education for Early Childhood Education)

家长教育已经有很长的历史。在历史上,人们对家长教育曾寄予了多种期望,大到消灭贫穷、(Clarke-Stewart 1988)减少社会问题,小到帮助家庭创设抚养儿童的适宜环境(Fein 1980)。

1. 背景

北美的家长教育方案主要可以分为两种类型,一种是完全由中产阶级自愿组织发展起来的并服务于中产阶级的;另一种则是服务于低收入阶层、由中产阶级或由专业人员发展起来的。在整个20世纪,这两种类型的教育方案一直都存在差异,主要表现在征募过程和方案内容上的不同(Schlossman 1976)。中产阶级的母亲能够就儿童抚养问题和家庭管理问题展开讨论,而低收入家庭的母亲则往往需要引导,从而学会在抚养孩子和管理家庭时"应该做什么,不应该做什么"。中产阶级的家长往往志愿参加家长教育会议;而低收入家庭的家长往往是被动接受家庭指导,并把这种指导当作是一种社会福利来接受。

无论过去还是现在,在面向大多数中产阶级家长的家长教育中,专家的任务主要是充当激励者、建议者的角色,以及提供有关儿童发展的(具有研究基础的)科学信息,并且对有关儿童抚养的问题进行解释。相反,对处境不利家长进行教育的专家,则需要既担任启迪者又担任执行者。这些"专家"需要帮助家长明确问题、进行设计、加以实施,并且还要评价各种家长教育方案。

在现阶段,补偿性的家长教育的理论来源主要有三个方面。首先,儿童的早期经验对于儿童以后的身体健康、情绪和社会性发展以及认知发展都是至关重要的,而且在儿童个性的形成和发展过程中,家长会产生最重要的影响。其次,由于现代的家庭越来越像一个个的"孤岛",而且心理学方面的文献资料一般人难以理解和解释,因此许多家长都需要帮助。最后,相关的教育和心理学理论认为,某些特定的家长教养行为(例如家长的言语交流方式,以及家长提供的刺激类型等相关内容)与子女以后较好的学业成绩有关。如果家长缺乏这些技能,那么可以通过家长教育获得这些技能。

2. 家长教育的方法

自20世纪60年代以来,中产阶级的家长教育主要是一种心理治疗法,主要目的在于与儿童进行沟通,并调节管理儿童的行为。后来的心理学家,如德瑞克和苏茨(Dreikurs and Soltz 1964),还有吉奥特(Ginott 1965),都曾在各种各样的环境中为家长召开会议,例如学校、教堂或是社区中心。在这些家长教育会议上,会议的组织者引导家长相互学习,同时也为家长提供有关儿童发展和教育等方面的信息。虽然这种类型的家长教育并没有公开的阶级定向,而且事实上一些主办者也强调这种家长教育活动能够适合不同的阶层,但是大多数评价性的或描述性的研究都表明这些家长教育活动的参与者绝大多数都是中产阶级(Dembo et al. 1985)。

在美国的"早期开端"时代,曾经出现了一系列针对处境不利人群的补偿性家长教育方案，这些方案成为约翰逊向贫穷宣战的主要战略之一。有的家长教育方案是非常全面的，包括健康、社会性以及教育服务等各个方面；有的则在观念、执行以及持续时间等方面非常简明。但是，大多数家长教育方案的主要目标都是相同的，即：教给家长促进孩子认知发展的一系列行为技能，并且帮助家长改善他们的教养态度，使家长能够更好地帮助他们的孩子。这就意味着要使家长认识到他们自己作为孩子的第一任教师的重要性，还要使家长认同自身的角色，并且获得必要的自信心。家长教育的形式和方法是多种多样的，包括家长参与创设幼儿园的环境、家访活动以及家长会议。

在世界上可以找到各种不同的家长教育方案。隆巴德（Lombard 1988）描述了6个国家的14种家长教育方案（法国、英国、以色列、波兰、西班牙和美国）。这些家长教育方案尽管在活动的范围、实施方式、评价方式、教师和服务的目标人群等方面存在着一定差异，但是它们一般都建立在大致相同的理论基础之上，都认为通过增进家长的健康和"改善家长的一般行为方式，可以促进儿童身心健康和潜能的正常发展……"，而且，"改进家长作为教育者的角色……将会增加儿童在学校获得成功的机会"（Lombard 1988 P. 28）。同时，第三世界国家也开始出现相同目标的家长教育方案，例如苏丹（Grotberg et al. 1987）。

针对学前儿童的家庭指导方案（the Home Instruction Program for Preschool Youngsters, HIPPY）是一个在不同国家（美国、荷兰、德国、墨西哥、南非、新西兰、智利和土耳其）得到运用的家长教育方案的典型例子。这是一个以家庭为基础的指导方案，目的在于"通过母亲自身力量和潜能的不断增长来促进母亲这个家庭教育者自我意识的不断提升，并且为处境不利的幼儿提供丰富的教育资源"。这个方案派出专业助手每周对母亲进行指导，这种指导以事先准备好的相关材料为基础。在每半月进行一次的家长会议上，这些指导内容都会得到丰富和提升。政府和社区为该方案提供资金和基层管理，大学负责方案的设计、协调配合和监督（Lombard 1981）。

从20世纪80年代末期开始，出现了许多面向年幼儿童家长服务的家长教育方案，这些方案都包含了赋予权力（empowerment）思想。这些方案致力于维持早期干预方案中家长和教师之间力量的平衡，从而建立起一种相互合作、彼此平等的关系（Powell 1989）。"赋予权力"是一个使用频率很高的词汇，它意味着教师虽然是教育目标和教育活动的促进者，但教育目标和教育活动是由教师和家长共同决定的（Powell 1989），而不是由所谓的"专家"为家长设定的。

科克伦（Cochran 1988）描述了一种早期教育方案，该方案以家长授权的概念为基础，它尊重家庭的不同特点和（包括历史、文化以及社会传统等方面）差异，强调家长往往会比家庭以外的任何人都要更加了解自己的孩子。该方案的活动包括家访，有计划地认同家长的角色和作用，增进和丰富家庭中业已存在的亲子活动，分享有关社区服务的各种信息。这种方案的另一任务是建立"楼群社区"，目的是减少人们的孤独感，分享信息，共享资源，并为家长提供一个论坛，以便邻居之间相互表达和进行交流。

多米尼加共和国正在开展的家长教育方案的理论基础就是通过公共教育策略赋权于家长，更多的是赋权于过去往往被描述为"被剥夺至尽和最少权力的社会成员"的母亲（Canning 1989），目的在于提高母亲的自我意识水平，通过一系列灵活的方法来适应不断变化中的当地条件和需要，反应当地环境的期望，从而促进母亲自身和孩子的共同发展。

3. 家长教育评价

很少有信度较高的评价可以考察"中产阶级"的家长教育方案。然而，如果家中有特殊儿童需要抚养的家庭或者是非中产阶级的家庭，往往会放弃评价（Anchor and Thomason 1977）。虽然有报告指出家长教育能够对家长的态度产生积极的影响，但并没有证据表明家长态度的变化会对家庭生活的动力学特征产生积极的影响，尤其是对儿童产生影响。同时，也没有明显的数据能够说明以不同的心理学理论为基础的家长教育方案之间在有效性程度上的差异(Dembo et al. 1985)。

要对相当多的、有关补偿性的家长教育的评价资料进行分类是非常困难的。一些研究表明家长教育能在短期内对儿童的IQ产生积极影响,但是这些影响持续的时间一般不会超过一年。持续时间较长的积极影响与儿童接受特殊教育的可能性的降低(Jester and Guinagh 1983)以及青少年犯罪率的降低(Lally et al. 1988)有关。但是在百慕大进行的一项详尽的评价性研究并没有揭示出家长教育能对儿童产生任何积极的影响(Scarr and McCartney 1988)。或许,令人振奋的结果是发现了家长教育方案能够对家长产生积极的影响,例如增强了家长的自我胜任感,改善了家庭的经济和生活环境(Powell 1989)。

相对于多年来所出现的数量较多的家长教育方案来说,能够证明家长教育有效性的证据还很少(Stevens 1978)。因此,确定各种家长教育方案的特征是十分重要的,它能够有效地防止把"不切实际的期望和热情"带到各种家长教育方案中去(Stevens 1978)。

首先,根据史蒂文斯的研究(Stevens 1978),大多数有效的教育方案往往能够得到持续的资金支持,而且形成了某种理念,在实施过程中能够得到儿童发展领域中的专家的指导。其次,这些方案往往是相当的细致和全面。例如,成功的家庭访问方案往往能够在18个月到2年之间持续地进行每周一次的家访。这类方案的目标相当明确,活动经过仔细的设计、预试和修改,对家长的指导有系统的管理,对活动方案有持续的监督,对所发生的各种事件有详细的记录。这些特征正是有效的家长教育方案的一般特征(Stevens 1978)。

事实上,并不存在相对于短期研究的长期跟踪研究,也很少有全面细致的家长教育方案。尽管有研究者宣传短期方案的成功,但好像很难据此推测家长教育方案可能会产生合理的长期影响。家长对子女的行为方式是十分复杂的,似乎不可能轻易地受到几次家长教育会议的影响。

一些研究者对家长教育的过度热情提出了警告(Clarke-Stewart 1988, Brim 1965, Schlossman 1976)。一个主要的原因是担心这种家长教育可能会破坏家长的自信心(Clarke-Stewart 1988)。对家长教育最严厉的一种批评是:过于热情地相信家长教育具有减少教育上的不利处境的潜能,可能会导致忽视其他必要的社会改革。

另一个主要问题是应当在什么时候开始家长教育。尽管已经出现了一些有说服力的观点,认为家长教育应当作为高中课程的一个重要内容在学校就开始进行,但是这方面的研究似乎没有什么进展(O'Connor 1990)。

虽然人们可能会说目前尚缺乏实证性的资料能够说明对家长教育进行持续性投资的必要性,但是对于不能放弃家长教育方案这种观点还是存在着很强的认同(Scarr and McCartney 1988)。鲍威尔(Powell 1989)建议应当用"家长教育"(parent education)这个词来取代"家长支持"(parent support)一词。术语上的这种变化反映了一种正在增长的意识:相对于社会所提供的支持来说,单纯的信息传播对家长行为方式所能产生的积极影响较小。

20世纪90年代所面临的挑战是切合实际地重新确定家长教育的目标、努力发展各种能够更为敏感地反映家长的需要、生活方式以及文化的家长教育方案。应当本着在成本效益、参与满意度和使儿童受益等三方面能够达到平衡的观点来发展各种家长教育方案,并不断地研究如何达成这一目标。

R. 希莫尼(R. Shimoni) 著

刘峰峰 刘 焱 译

附录

Anchor K N, Thomason T C 1977 A comparison of two parent training models with educated parents. *J. Community Psychol.* 5(2):134—141

Brim O G 1965 *Education for Child. Rearing*. Free Press, New York

Canning P M 1989 Helping mothers in the Dominican Republic to become facilitators of their own preschoolers' development. *Early Child Devel. Care* 50: 159—166

Clarke-Stewart K A 1988 Evolving issues in early

childhood education: A personal perspective. *Early Childhood Research Quarterly* 3(2):139—149

Cochran M 1988 Parental empowerment in family matters: Lessons learned from a research program. In: Powell D R (ed.) 1988 *Parent Education as Early Childhood Intervention.* Ablex, Norwood, New Jersey

Dembo M H, Sweitzer M, Lauritzen P 1985 An evaluation of group parent education: Behavioral, PET 7 and Adlerian Programs. *Rev. Educ. Res.* 55(2):155—200

Dreikurs R, Soltz V 1964 *Children, The Challenge.* Hawthorn, New York

Fein G 1980 The informed parent. In: Killmer S(ed.) 1980 *Adv. Early Education Day Care*, Vol. 1. JAI Press, Greenwich, Connecticut

Ginott H G 1965 *Between Parent and Child: New Solutions to Old Problems.* Macmillan, New York

Grotberg E H, Badri G, King A D 1987 Changing childrearing practices in Sudan. *Child. Today* 16(1): 26—29

Jester R E, Guinagh B J 1983 The Gordon parent eduoation infant and toddler program. In: The Consortium for Longitudinal Studies 1983 *As the Twig is Bent: Lasting Effects of Preschool Programs.* Erlbaum, Hillsdale, New Jersey

Lally J R, Mangione P L, Honig A S 1988 The Syracuse University family development research program: Longrange impact of an early intervention with low-income children and their families. In: Powell D R (ed.) 1988 *Parent Education as Early Childhood Intervention.* Ablex, Norwood, New Jersey

Lombard A D 1981 *Success Begins at Home.* Lexington Books, Lexington, Massachusetts

Lombard A D 1988 Home-based early childhood education programs. *Int. J. Early Child.* 20(2):23—35

O'Connor L 1990 Education for parenthood and the National Curriculum: Progression or regression? *Early Child. Devel. Care* 57:85—88

Powell D R 1989 *Families and Early Childhood Programs.* National Association for the Education of Young Children, Washington, DC

Scarr S, McCartney K 1988 Far from home: An experimental evaluation of the mother child home program in Bermuda. *Child Dev.* 59(3):531—543

Schlossman S L 1976 Before Home Start: Notes toward a history of parent education in America, 1897—1929. *Harv. Educ. Rev.* 46(3):436—467

Stevens J H 1978 Parent education programs: What determines effectiveness? *Young Children* 33(4): 59—65

学前教育中的家长参与(Parent Involvement in Preschool Programs)

托幼机构应当与家长密切地合作,这种观念从一开始就成为学前教育的一个基本理念。许多措施和策略已被采用以使家长参与到各种学前教育的方案中来。尽管在家庭与托幼机构之间建立和维持合作关系的问题上,理论探讨强于实证研究,但是已经有一些研究考察了各种家长参与方式的有效性(Powell 1989)。研究证据表明家长的一些行为和态度会对幼儿积极的发展结果做出贡献。

1. 家长参与的原理

家长参与托幼机构教育的实践反映了三个基本前提:(a)家长权利学说:家长承担着保障子女最佳和最大利益的责任;(b)家庭对儿童发展具有重要影响的假设:如果幼儿在托幼机构获得的经验能在家庭中得到扩展和强化,那么托幼机构的影响就会得到加强;(c)公民参与社区机构的原理。

关于家长与托幼机构之间应当结成密切关系的理论认为,只要儿童生活中的重要成人以一致的方式对待儿童就能达到改善儿童发展的目的。同时,家长的成就感和自我价值感可以因参与托幼机构教育而得到提高,这种参与也可以增进家长与托幼机构工作人员之间的合作。此外,由于家长可以参与托幼机构教育实践的决策,通过扮演某种角色(例如作为教师助手)来参与托幼机构的教育来为托幼机构提供额外的资源,从而使得托幼机构的教育更具反应性,可获得的资源更为丰富。

2. 与家长一起工作的方式

在促进家庭与托幼机构之间结成密切联系方面已有三种策略:(a)家长与教师之间的交流;(b)家长教育;(c)家长作为托幼机构教育的参与者。这三种策略的使用情况因托幼机构的类型不同而有所不同。较之于家长整天忙于工作的全日制的儿童看护中心,在一些合作性的托幼机构,例如新西兰和英国的游戏中心(Smith 1980)以及美国的"早期开端"等早期干预方案中,家长参与的程度更高。

2.1 *家长与教师之间的交流*

家长与教师之间的经常交流已经被看作是促成家庭与学校之间形成支持性联系的重要手段。全美幼儿教育协会(NAEYC)所提出的专业化的学前教育实践标准指出,高质量的托幼机构应当:(a)让新的家庭和未来的家庭知晓本机构的教育理念和运作程序;(b)通过入园前的参观、家长会等方式来帮助儿童和家长了解机构的有关情况;(c)教师和家长就家庭育儿和托幼机构照看儿童的实践问题进行沟通与交流;(d)欢迎家长在任何时候前来参观;(e)建立一个沟通交流系统以确保家长与教师之间的日常交流和沟通(National Academy of Early Childhood Programs 1984)。

例如,在意大利瑞吉欧以社区为基础的儿童看护机构中,教师可以从家长那里获得关于每个孩子的日常生活规律、睡眠以及进食情况等信息。如果可能的话,教师会鼓励家长在幼儿入园的最初几个星期里尽可能地呆在教室里,直到幼儿能够较好地适应新环境为止。这样也可能使家长相互之间有机会建立一种支持性的关系。家庭与学校之间的这种关系也可以为传统的意大利大家庭增添新的内容(New 1988,1990)。

布朗芬布伦纳的理论(Bronfenbrenner 1979)为家长与教师之间的交流提供了理论基础。布朗芬布伦纳认为,如果儿童参与的各种环境之间存在支持性联系,那么环境中所蕴含的潜能就能最大限度地促进儿童的发展。这些支持性联系包括开放的双向交流和个人信息交流(面对面的交流,而非通过印刷品进行交流)。但是,迄今还没有关于这些观点的验证性研究。

在家长送孩子来园和接孩子离园时,家长和教师之间的交流最为频繁。对美国一所全日制儿童看护中心的研究表明,在家长和教师的交流中,和儿童有关的话题显著多于与家长及家庭有关的话题。而且,家长与教师之间互动的增长与他们讨论话题的多样性或范围的扩大有关(Powell 1978b)。家长—教师会议以及教师对幼儿家庭的访问并不是经常使用的交流方式。对一所承诺家长参与的大学附属的儿童看护中心的家长参与情况所进行的研究发现,家长平均每天花在看护中心的时间为7.4分钟,包括送孩子入园和接孩子离园的时间、与教师开座谈会的时间、对他们的孩子进行观察的时间,以及参加各种团体会议的时间。在连续观察的70多天里,曾经召开了3次家长与教师之间的座谈会,但是每次座谈会的时间都没有超过10分钟(Zigler and Turner 1982)。

家长送孩子入园和接孩子离园时,家长与教师之间可以进行交流。但是,这种交流的质量值得怀疑。在全日制托幼机构,成人或许会因为其他一些事情耽搁来园,这样直到傍晚或是晚上家长才去接孩子。但是,这时候的值班教师有可能不是白天和孩子呆在一起的教师。因此,只能给家长提供孩子一天生活之中极其有限的信息。某研究发现在全日制托幼机构中,当教师和家长讨论机构开展的各种活动时,他们彼此之间都感到相当不满(Powell 1978a)。其实,我们不必对这种研究结果感到惊讶。

与儿童看护中心相比,家庭托儿所的家长与教师之间的关系或许更加密切。加拿大的一项研究发现,与选择儿童看护中心的家长相比,选择家庭托儿所的家长往往会与教师之间形成更为亲密的私人关系(Pence and Goelman 1987)。美国的一项研究发现,家庭托儿所的教师每个星期平均花54分钟与每位家长进行交谈,而儿童看护中心的教师每个星期平均只花大约13分钟与每位家长进行交谈(Hughes 1985)。

家长参与托幼机构实践的方式还有许多种,例如在幼儿刚刚进入托幼机构时,家长帮助稳定幼儿的情绪,鼓励幼儿和家长在入园前先参观一下托幼机构,或者鼓励家长在幼儿刚入园时在教室里逗留一段时间(例如,20分钟)。但是,一项在半日制的儿童看护中心进行的研究考察了来自中产阶级家庭的4岁幼儿的母亲使用上述两种参与方式的情况,结果发现这两种方式并没有对儿童适应托幼机构产生影响(Schwarz and Wynn 1971)。而且当与家长分离时,学步儿往往会比婴儿和学前儿童表现出更多的沮丧行为(Field et al. 1984)。研究还发现,如果在2岁幼儿将要转换到一个新环境时,家长能够为他们提供相关信息,就能大大减少儿童在分离时所表现出的沮丧行为(Weinraub and Lewis 1977)。

许多学前教育工作者都发现,最棘手的工作就是处理与家长的关系(Almy 1982)。《幼儿》(*Young Children*)杂志所进行的一项职业道德调查发现,对于不同阶段不同领域的教师来说,教师与家长的关系是道德争论最多最明显的领域(Feeney and Sysko 1986)。调查还表明,许多教师对那些把孩子送进托幼机构的家长的教育能力往往持否定态度(Kontos and Wells 1986)。这些发现与社会学家维拉德·沃勒(Willard Waller)在1932年的观察结果相一致,即家长和教师是"天然的敌人",因为他们双方在养育同一个孩子,但是却拥有性质截然不同的关系。而且,如果仍然坚持只有摆脱委托人的监视才能有工作的自由等诸如此类的传统职业观念,那么,提高幼儿教师职业地位的努力就有可能阻碍家长参与到托幼机构中来(Shimoni 1991)。

2.2 家长教育

长期以来,为家长提供关于儿童成长与发展的专业化知识已经成为大多数托幼机构的目标。托幼机构的最初目的之一就是为教给家长关于幼儿保育和教育的相关知识设立一个讲坛。在美国托幼机构已经成为一个实验基地,可以向家长宣传关于儿童发展的知识以及适宜的儿童抚养知识和实践知识。20世纪20年代,托幼机构典型的家长教育活动包括:家长与教师的座谈会,家访,讨论儿童抚养问题的家长交流会议,提供咨询服务以帮助家长更加专业地探讨儿童的抚养问题和儿童个体发展问题。同时,还鼓励家长进入托幼机构对儿童进行观察(Committee on Preschool and Parental Education 1929)。家长学校的教师每周都会与家长见面讨论一些家庭问题,帮助家长选择和使用社区资源,并且为家长的自我发展和自我学习提供相关支持(Almy 1989)。

当托幼机构与家长建立了合作关系之后,就可以使家长参与到托幼机构的实际工作中来,并且让家长体会到其中的责任,这就为家长学习有关儿童发展的知识提供了一个非常好的机会。而且,与家长建立了合作关系的托幼机构可以使家长与有经验的幼儿教师一起工作,可以让家长"练习如何做家长的实践性教育技能"。托幼机构还可以经常召开讲演会或是讨论会,探讨有关儿童发展的话题,或是引导家长去观察、研究儿童的行为,或是亲身经历一些专门为幼儿设计的项目和活动(Whiteside-Taylor 1968)。

在20世纪60年代和70年代所进行的早期干预项目中,家长教育往往成为其主要内容之一。这些项目的目的是帮助那些残障儿童或是处境不利儿童,例如贫困家庭的儿童,而且几乎大部分干预项目都包括家长教育。例如,著名的美国佩里计划就在幼儿园的教室中增加了每周一次的家访。在这段时间内,教师会和孩子及其家长一起活动1或1.5个小时(Schweinhart and Weikart 1983)。20世纪80年代中期,在6个国家的14个以家庭为基础的幼儿教育方案中进行的一项国际性的调查表明,学前教育方案在目标、目标人群、运作方式以及教职工工作方式等方面都具有多样性(Lombard 1988)。

今天,一些学前教育方案强调家长作为幼儿的教师的角色。例如,在美国的明尼苏达州,几乎每个社区都有幼儿教育和家庭教育方案,它们可以为家长提供集体讨论、家访、儿童发展课程的机会,或采用其他方式来教育和支持家长(Cooke 1992)。

把孩子送进全日制或半日制托幼机构的家长往往认为针对家长的教育活动不如机构中的其他教育活动重要。最近在新西兰进行了一项有关幼儿园家长、保育学校家长以及游戏中心家长的研究。结果表明,为家长提供教育往往会成为一所托幼机构中最不重要的目标。在美国进行的研究发现,半日制儿童看护中心的家长教育内容(Joffe 1977)和全日制儿童看护中心的家长教育内容

(Coelen et al. 1984)都是在一个很有限的基础上提供和实施的。

托幼机构可以通过在家长之间,或是在家长和教师之间建立非正式的帮助关系来支持家长抚养他们的子女。而且,研究者已经发现,儿童看护中心和家庭托儿所的开办者都认为他们在解答家长的疑惑,以及解决家长所关心的子女教育问题等方面都发挥着积极的促进作用。教师的回应方式包括提问、表示同情、为家长提供选择,或者仅仅是倾听(Hughes 1985,Joffe 1977)。

尽管在学前教育领域已经有为家长提供教育的长期历史,但是证明家长教育有效性的研究证据却十分有限。大多数研究都没有直接评价某个托幼机构中的家长教育活动(包括直接与家长和孩子一起活动)所产生的相关影响。已有的研究主要集中在参与早期干预项目的低收入人群上。关于这种研究的文献综述研究发现,儿童家庭作为教育项目的积极参与者是确保早期干预项目成功的一个关键因素(Bronfenbrenner 1974)。对注重家长参与的学前教育方案的评价研究发现了家长参与对儿童的能力和母亲教育行为积极的短期影响(Slaughter 1983),也发现了家长参与对家庭特征,例如母亲对较高水平的正规教育的追求等有积极的长期影响(Seitz et al. 1985)。

2.3 家长作为教育方案的参与者

家长可以通过当教师助手、或通过参加托幼机构的相关委员会和董事会来参与机构的政策和实施方略的制定而成为托幼机构教育的参与者。那些与家长建立了合作关系的托幼机构已经把家长参与的实践作为托幼机构教育不可分割的一部分。那些针对残障儿童和低收入家庭儿童的托幼机构也把家长参与作为托幼机构教育的一大特征。但是,在全日制儿童看护机构中,家长往往由于工作的限制而不能有规律地承担教师助手的工作和参与托幼机构的实践。

家长之所以能够成为托幼机构的参与者,主要是因为托幼机构和家长双方都希望在家庭和幼儿园之间建立起一种实质性的联系。对于那些面向低收入家庭的托幼机构和那些面向少数民族家庭(这些家庭的文化价值观在托幼机构中不具代表性)的托幼机构来说,根据托幼机构和家庭的特征,在家庭和托幼机构之间建立一种回应性是非常重要的。对于低收入人群和少数民族人群来说,家庭和学校之间缺乏联系已经成为儿童学业成绩低下的一个主要原因(Laosa 1982)。对于那些面向残障儿童的机构来说,美国法律规定当子女在特殊教育机构接受测试或分班时,家长应当承担决策的责任并保留召开定期的过程听证会的权利。

在美国,联邦政府的"早期开端"项目已经成为一个基本的实验室,帮助家长尝试成为学前教育方案的参与者。该项目要求家长参与到教育方案的决策过程中来,要组织一个至少由50%的家长所组成的一个理事会来负责有关事务的决策。该项目也尝试采用让家长担任有薪的雇佣劳动者、或志愿者和观察者等方法吸引家长参与到教室活动中来。西德的各州都为家长参与提供机会,包括由选举产生的家长委员会等形式。家长委员会可以就机构的管理组织问题、教育教学问题以及人事雇用问题展开协商讨论(Tietze et al. 1989)。

美国对低收入人群进行的研究表明:家长对学前教育方案较高程度的参与水平往往能够发挥家长积极的作用。在"早期开端"计划中,研究者发现:家长对教育活动的积极参与和家长的心理健康状态、较高水平的胜任感,以及生活满意度都存在积极相关(Parker et al. 1987),而且还能够降低家长的焦虑水平和抑郁水平(Mckey et al. 1985)。尽管有相当多的家长以各种有偿活动或志愿活动的形式参与"早期开端"项目,但是家长参与的人数和共享的时间是不成比例的(McKey et al. 1985)。很少有研究能够证明在家长参与和个体功能之间的关系上这种干预方案是一个决定性的因素。

家长参与的另一个可预期的结果是它可以增强家长处理与其他机构(例如,学校)关系的能力。一些非正式报道表明,合作性的托幼机构培养了大量的"母亲毕业生",她们愿意担任领导者的角色,例如家长—教师协会的官员或是公立学校的志愿者(Whiteside-Taylor 1953)。

3. 家长对幼儿在校经验的影响

美国进行的大量研究表明:在儿童早期,家长抚养子女的方式和信念与儿童以后的学业成绩存在显著相关。研究者发现,母亲在孩子4岁时的教养行为和态度与儿童5、6岁时良好的学习准备状态相关,并且还与儿童12岁时的学业成绩相关(Hess et al. 1984)。在儿童12个月和24个月大时的家庭环境的质量与儿童一年级时的阅读、语言和数学成绩相关。

如果家长把人的发展看作是一个复杂的过程,儿童对于发展是积极的贡献者(Johnson and Martin 1983, McGillicuddy-DeLisi 1985),而且采用有助于促进儿童思维发展和运用语言来解决问题的能力的教学策略,那么其子女的发展就会产生积极的结果(Sigel 1982)。而且,家长对他们子女智力的精确判断(Hunt and Paraskevopoulos 1980)也与儿童的认知技能有关。

家长对儿童读写能力的发展也有直接或间接的影响。间接的影响包括为儿童提供读写材料,例如图画字典和字母表(Hess et al. 1982)、家长自己的阅读习惯(Clark 1976)、强化看电视的规则(Morrow 1983)等。家长对儿童读写能力的直接影响主要表现在亲子阅读方面。在阅读故事书的过程中,家长与孩子之间的互动包括各种各样的家长教养行为,例如,声音的不同变化,要求孩子辨认故事书图画中的各种物体,向孩子描述故事书的图画,停下来要求孩子做出回答,要求孩子拿着书翻动书页等(Ninio and Bruner 1978)。家长对孩子早期读写经验的影响往往潜移默化地发生于家庭的日常生活互动中(例如,买东西、筹备一场婚礼等等),而很少以孤立的读写事件的形式发生(Teale 1986)。

家长的教养风格也会影响儿童在校的经验。研究者发现,母亲敏感、温暖和非限制性的行为能够促进幼儿智力的发展(Belsky 1981),而且与5、6岁时儿童的入学准备状态相关,与儿童12岁时的学业成绩相关(Estrada et al. 1987)。研究还发现,如果母亲在教学和行为管理上对4岁儿童采用直接控制的策略,那么会对儿童4、5岁和12岁时对学校的适应能力产生消极的影响(Hess and McDevitt 1984)。

不能说家长身上的哪个因素比其他因素对孩子在校表现的影响更为重要(Hess et al. 1984)。对幼儿在校经验有积极影响的家长的行为和态度,与家长和孩子的日常互动是不可避免地交织在一起的。

4. 结论

在家长参与托幼机构教育这个问题上,哲学的和理论上争辩的激烈程度强于其已有的研究基础。这方面的研究虽然很少,但是在进行的研究已经能够为学前教育领域中许多值得推荐的实践提供初步的支持。

由于家长参与的形式在不同的学前教育方案之间存在相当多的变化,所以很难对家长参与的状况做出概括。即使是在同一个学前教育方案中,也可能存在着一些家长参与的水平较高,而另一些家长的参与水平较低的现象。而且,不同类型的托幼机构会采用不同形式的家长参与方式。如果托幼机构强调家长教育是托幼机构教育方案的重要内容,那么家长就会被定位成教师。但是在许多半日制或全日制托幼机构,这种做法只是一个次要的、甚至是缺乏的因素。相似的,在合作性的托幼机构和许多早期干预项目中,家长是作为教师助手参与到教育工作中来的,但一般来说这并不是全日制儿童看护中心的特征。

总之,家长和教师之间的交流在内容和频率方面还存在缺乏专业化建议的问题。在许多学前教育工作者看来,家长和教师之间的关系仍然存在着问题。在当今世界范围内,家庭的结构、功能和生活方式已经发生了巨大变化,这就要求我们重新思考家长参与的问题,而不能再拘泥于已经过时或正在过时的关于家庭的看法。同时,大量研究证据也表明家庭对儿童在学校的成就能够产生短期的和长期的显著影响。

D. R. 鲍威尔(D. R. Powell) 著
刘峰峰 刘 焱 译

附录

Almy M 1982 Day care and early childhood education. In: Zigler E F, Gordon E W (eds.) 1982 *Day Care: Scientific and Social Policy Issues.* Auburn

House, Boston, Massachusetts

Almy M 1989 Foreword. In: Powell D R (eds.) 1989 *Families and Early Childhood Programs.* National Association for the Education of Young Children, Washington, DC

Belsky J 1981 Early human experience: A family perspective. *Dev. Psychol.* 17(1): 3—23

Bronfenbrenner U 1974 *Is Early Intervention Effective? A Report on Longitudinal Evaluations of Preschool Programs*, Vol. 2. Department of Health, Education and Welfare, Office of Child Development, Washington, DC

Bronfenbrenner U 1979 *The Ecology of Human Development: Experiments by Nature and Design.* Harvard University Press, Cambridge, Massachusetts

Clark M M 1976 *Young Fluent Readers: What Can They Teach Us?* Heinemann Educational Books, London

Coelen C, Glantz F, Calore D 1984 *Day Care Centers in the US: A National Profile.* University Press of America, Lanham, Maryland

Committee on Preschool and Parental Education 1929 Training for the field of parental education. In: Whipple G M (ed.) 1929 *Preschool and Parental Education.* Twenty-eighth yearbook of the National Society for the Study of Education, Part I. Public School Publishing Co, Bloomington, Indiana

Cooke B 1992 *Changing Times, Changing Families: Minnesota Early Childhood Family Education Parent Outcome Interview Study.* Minnesota Department of Education, St. Paul, Minnesota

Estrada P, Arsenio W F, Hess R D, Holloway S D 1987 Affective quality of the mother-child relationship: Longitudinal consequences for children's school-rel-evant cognitive functioning. *Dev. Psychol.* 23 (2): 210—215

Feeney S, Sysko L 1986 Professional ethics in early childhood education: Survey results. *Young Children*42(1): 15—22

Field T, et al. 1984 Leave-takings and reunions of infants, toddlers, preschoolers, and their parents. *Child Dev.* 55(2): 628—635

Hess R D, Holloway S D, Dickson W P, Price G G 1984 Maternal variables as predictors of children's school readiness and later achievement in vocabulary and mathematics in sixth grade. *Child Dev.* 55(5): 1902—1912

Hess R D, Holloway S D, Price G G, Dickson W P 1982 Family environments and the acquisition of reading skills: Toward a more precise analysis. In: Laosa L M, Sigel I E (eds.) 1982 *Families as Learning Environments for Children.* Plenum, New York

Hess R D, McDevitt T M 1984 Some cognitive consequences of maternal intervention techniques: A longitudinal study. *Child Dev.* 55(6): 2107—2130

Hudhes R 1985 The informal help-giving of home and center childcare providers. *Family Relat.* 34: 359—366

Hunt J M, Paraskevopoulos J 1980 Children's psychological development as a function of the inaccuracy of their mothers'knowledge of their abilities. *J. Genet. Psychol.* 136(2): 285—298

Joffe C E 1977 *Friendly Intruders: Childcare Professionals and Family Life.* University of California Press, Berkeley, California

Johnson J E, Martin C 1983 Family environments and kindergarten children's academic knowledge. Paper presented at the meeting of the Northeastern Educational Research Association, Ellenville, New York

Kontos S, Wells W 1986 Attitudes of caregivers and the day care experiences of families. *Early Childhood Research Quarterly* 1(1): 47—67

Laosa L 1982 School, occupation, culture, and family: The impact of parental schooling on the parent-child relationship. *J. Educ. Psychol.* 74(6): 791—827

Lombard A D 1988 Home-based early childhood education programs. *Int. J. Early Child.* 20(2): 23—35

McGillicuddy-DeLisi A V 1985 The relationship between parental beliefs and children's cognitive level. In: Sigel I E (ed.) 1985 *Parental belief systems.* Erlbaum, Hillsdale, New Jersey

McKey R H et al. 1985 *The Impact of Head Start on Children, Families and Communities* (DHHS Publication No. 85—31193), CSR Inc./Administration for Children, Youth, and Families, Washington, DC

Morrow L 1983 Home and school correlates of early interest in literature. *J. Educ. Res.* 76(4):221—230

National Academy of Early Childhood Programs 1984 *Accreditation Criteria and Procedures of the National Achdemy of Early Childhood Programs*. National Association for the Education of Young Children, Washington, DC

New R 1988 Parental goals and Italian infant care. In: Levine R A, Miller P, West M(eds.) 1988 *New Directions for Child Development*. No. 40. Jossey-Bass, San Francisco, California

New R 1990 Excellent early education: A city in Italy has it. *Young Children* 45(6):4—10

Ninio A, Bruner J 1978 The achievement and antecedents of labeling. *Journal of Child Language* 5(1):1—15

Parker F L, Piotrkowski C S, Peay L 1987 Head Start as a social support for mothers: The psychological benefits of involvement. *Am. J. Orthopsychiatry* 57(2): 220—233

Pence A R, Goelman H 1987 Silent partners: Parents of children in three types of day care. *Early Childhood Research Quarterly* 2(2):103—118

Powell D R 1978a The interpersonal relationship between parents and caregivers in day care settings. *Am. J. Orthopsychiatry* 48(4):680—689

Powell D R 1978b Correlates of parent-teacher communication frequency and diversity. *J. Educ. Res.* 71 (6):333—341

Powell D R 1989 *Families and Early Childhood Programs*. National Association for the Education of Young Children, Washington, DC

Schwarz J C, Wynn R 1971 The effects of mothers' presence and previsits on children's emotional reaction to starting nursery school. *Child Dev.* 42:871—881

Schweinhart L J, Weikart D P 1983 Effects of the Perry Preschool programs on youths through age 15. In: Consortium for Longitudinal Studies(eds.) 1983 *As the Twig is Bent: Lasting Effects of Preschool Programs*. Erlbaum, Hillsdale, New Jersey

Seitz V, Rosenbaum L K, Apfel N 1985 Effects of family support intervention: A ten-year follow-up. *Child Dev.* 56(2):376—391

Shimoni R 1991 Professionalization and parent involvement in early childhood education: Complementary or conflicting strategies? *Int. J. Early Child.* 23(2):11—26

Sigel I E 1982 The relationship between parental distancing strategies and the child's cognitive behavior. In: Laosa L M, Sigel I E (eds.) 1982 *Families as Learning Environments for Children*. Plenum, New York

Slaughter D T 1983 Early intervention and its effects on maternal and child development. *Monogr. Soc. Res. Child Dev.* 48(4):Serial No. 202

Smith T 1980 *Parents and preschool*. Vol 6 of Oxford Preschool Research Project. Grant McIntyre, London

Teale W H 1986 Home background and young children's literacy development. In: Teale W H, sulzby E(eds.) 1986 *Emergent Literacy: Writing and Reading*. Ablex, Norwood, New Jersey

Tietze W, Rossbach H-G, Ufermann K 1989 Child care and early education in the Federal Republic of Germany. In: Olmsted P P, Weikart D P(eds.) 1989 *How Nations Serve Young Children: Profiles of Child Care and Education in 14 Countries*. High/Scope Press, Ypsilanti, Michigan

Weinraub M, Lewis M 1977 The determinants of children's responses to separation. *Monogr. Soc. Res. Child Dev.* 42(4):Serial No. 172

Whiteside-Taylor K 1953 Cooperative nursery schools educate families. *Teachers College Record* 54(6): 332—339

Whiteside-Taylor K 1968 *Parents and Children Learn Together*. Teachers College Press, New York

Zigler E F, Turner P 1982 Parents and day care workers: A failed partnership? In: Ziger E F, Gordon E W (eds.) 1982 *Day Care: Scientific and Social Policy Issues*. Auburn House, Boston, Massachusetts

其他参考文献

Berger E H 1987 *Parents as Partners in Education: The School and Home Working Together*. Merrill, Columbus, Ohio

Joffe C E 1977 *Friendly Intruders: Childcare Professionals and Family Life*. University of California Press, Berkeley, California

Powell D R 1989 *Families and Early Childhood Programs*. National Association for the Education of Young Children, Washington, DC

Powell D R 1991 Parents and programs: Early childhood as a pioneer in parent involvement and support. In: Kagan S L (eds.) 1991 *The Care and Education of America's Young Children: Obstacles and Opportunities*. Ninetieth yearbook of the Society for the Study of Education. National Society for the Study of Education, Chicago, Illinois

儿童看护的政策和方案：全球概览 (Childcare Policies and Programs: International Overview)

本词条考察了学前儿童的看护问题。学前儿童是指那些还没有开始接受义务教育的儿童（义务教育的开始年龄在不同国家有5岁、6岁或7岁之不同）。本词条的讨论主要侧重于发达的工业化国家，偶尔会提及发展中国家。本词条关于儿童看护的讨论涵盖家庭以外的、由非亲属提供的、所有形式的儿童看护服务，包括幼儿园（preschool）、日托中心（daycare centers）、家庭托儿所以及产妇和父母亲的休假政策等。

1. 术语、概念及重点

在国际上，儿童看护服务的范围很广，包括半日制的和全日制的，私立的或公立的，由教育、健康或社会福利等不同部门管理的。这些方案包括各种形式的幼儿教育机构［preschools：如学前班（kindergartens）、先学前班（prekindgartens）、补偿教育方案（compensatory education programs）以及托儿学校（nursery schools）等］，日托中心（daycare centers），家庭托儿所（包括正规的和非正规的），以及放学前和放学后的儿童托管机构。各个国家之间的差异主要体现在：公立部分所占的比例；教育、健康，或社会福利系统在全部儿童看护服务中所占的比例；不同年龄的儿童作为服务的对象所占的比例；儿童看护服务是否仅限于有工作的母亲；所提供的儿童看护的质量。

儿童看护政策是指政府为影响儿童看护的供需关系和看护质量而采取的全部措施。这些措施包括：直接提供儿童看护服务；为提供看护服务的私立机构提供直接和非直接的财政补贴（如拨款、合同以及税收鼓励等）；为父母/消费者提供的直接和间接的财政补助（如拨款或从税收中获益）以使他们有能力使用看护服务；或允许父母亲（停止工作）待在家里带薪休假；制定和加强相关规定。这里所讨论的这些政策在不同的国家已经对当地的儿童看护服务产生了影响。

妇女在家庭中地位的变化以及妇女劳动力的显著增长已经在不同国家对儿童看护服务产生了明显的影响。在儿童看护政策比较慷慨、看护服务的覆盖面较广的一些国家，妇女参与社会劳动的比率一般较高。但是，在政策相似、看护服务的覆盖面也同样较广的几个国家，妇女在劳动力中所占的比例却并不高（见表1）。显然，这些国家所关注的问题是不同的。

目前，国际上有关儿童看护政策的讨论主要集中在看护服务的提供、费用和质量问题上。表1也列出了不同国家学前儿童参与儿童看护的比例。

本词条试图：

(a) 确认和描述在欧洲国家实施的，服务于从2.5岁或3岁直至入小学这一年龄段儿童的看护服务政策。对那些仍然处于争论中的问题，尤其是看护质量的问题展开讨论。

(b) 确认和描述欧洲国家所普遍采取的关于婴儿看护的政策选择。

(c) 讨论学步儿的看护问题，侧重讨论那些尚

表1　有18岁以下子女的已婚或单身妇女参与社会劳动的比例和儿童看护的覆盖率

国家	年份	参与劳动的母亲(%)		全日制或半日制看护服务照看的儿童(%)	
		已婚	单身	0~3岁	3~5岁
英国	1988	59	52	2	43[a]
加拿大	1988	67	64	12	31[b]
丹麦	1988	87	87	44	85
西德	1986	48	70	2	80
法国	1988	66	85	24	95
匈牙利	1988	89	89	12[c]	86
意大利	1986	44	45	5	90
瑞典	1988	89	89	73[d]	
美国	1988	65	65	20	70[e]

资料来源:作者对各种来源的资料进行了整合。瑞典的资料是有16岁以下子女的母亲,儿童看护的资料大部分是20世纪80年代中期的资料

a 由于义务教育从5岁开始,因此这些资料中儿童的年龄是3~4岁

b 这些数据中儿童的母亲每周需工作或受教育20个小时

c 在匈牙利大多数有3岁以下子女的工作母亲都待在家里休假,有育儿补助金

d 由于义务教育从7岁开始,因此这些资料中儿童的年龄是1~6岁。该资料包括了半日制或全日制的儿童看护方案。其中全日制占55%

e 评估是在1984~1985年进行的,主要为半日制的托儿看护方案

未确定的国家政策以及在儿童看护政策方面的争论。

欧洲国家关于学步儿看护政策丰富多样,远比美国和加拿大的政策更为多样化。目前正处于讨论或实验中的一些政策策略对于以下问题具有明显的倾向性:对高出生率的鼓励;提高妇女在劳动力中所占的比率;为儿童做好进幼儿园和小学的准备;强调性别之间的平等;减少贫困等。这些政策指向于各种家庭以外的儿童看护和教育方案,以及关于儿童养育和父母的津贴问题。

本词条关注的重点是儿童看护政策,这些政策包括支持父母抚养子女的现金收益、儿童养育、家庭收入、健康保险范围等等。这些政策只有被放在特定的国家,放在一系列关于家庭和社会的政策的背景下才能够被充分理解。但是由于受篇幅的限制,本词条就不对这些政策展开讨论(Kamerman and Kahn 1989a, 1989b, 1991)。最后,虽然我们把讨论的重点放在欧洲,但也介绍了加拿大和其他一些国家的政策。

2. 儿童看护:从3岁到义务教育开始之前

一般来讲,学前儿童是指从2.5岁或3岁直到5岁、6岁、7岁的儿童,主要取决于义务教育开始的年龄,发达的工业化国家在这个问题上的政策选择导致了不同年龄范围的学前儿童的产生。不管父母亲的工作地位、家庭收入、文化背景或能力如何,这些看护方案对于所有儿童来说都被看作是“好”的,因为它们有助于儿童的发展和能够为儿童做好入学准备。几乎所有的学前儿童都自愿参与了这些方案。这些方案都能够得到相当多的资

助,它们中的大部分是由公共部门管理的、不收费的或根据父母的收入状况适当收费的,服务时间至少涵盖正常的工作日。

在整个欧洲,托幼机构方案被看作是有关儿童和家庭政策、尤其是儿童看护政策的重要组成部分。一项关于欧洲社区的研究(Moss 1988)得出这样的结论:托幼机构方案是几乎所有拥有学前儿童的父母的普遍需要。哪里有托幼机构,哪里就会有对托幼机构的入托的需要。欧洲国家儿童看护政策的主要目标把建立托幼机构看作为一种法定的"权利",使它的可获得性和普及性像小学那样。好几个国家已经实现了这个目标,其他一些国家正在快速地接近这个目标。

在这些国家,大部分托幼机构或者是作为公共教育系统的组成部分由教育部门管理运行,或者是受到公共资金补助的、私立的非营利的机构。这些托托幼机构提供服务的时间覆盖普通学校的工作日和学年,它们一般为儿童提供的内容丰富且具有发展适宜性的课程,但在不同的国家可能有所不同。这些托幼机构是免费的和自愿性质的,如果儿童要入园,基本上都可以得到满足。

还有另外两种并不常见的儿童看护"模式":(a)以自立、自治为特征的斯堪的纳维亚儿童看护模式(不属于教育系统),这种模式主要在丹麦、芬兰和瑞典,为父母有工作的、所有入学前的儿童提供照看服务;(b)英国(以及在盎格鲁—美洲国家)流行的双轨制的儿童看护方案:其一是为被忽略的/被虐待的/或被剥夺的儿童提供的社会福利性质的日托服务,其二是为来自中等和上层家庭的儿童服务的半日制、教育性的托儿学校。后一种双轨制的模式也在不断发生变化。例如,美国已经扩展了以公立学校为基础的学前教育方案,这些方案容纳一些贫穷和有缺陷的儿童,同样也为其中的一些儿童提供补偿教育。

在大多数国家,学前儿童的在园率和注册方式是相似的:服务对象涵盖所有的4岁和5岁的儿童,以及几乎所有的2.5岁和3岁的儿童。例如在法国,幼儿园面向几乎所有的3岁、4岁、5岁的儿童,以及将近一半的2岁儿童(主要是那些超过2.5岁的儿童)。比利时、意大利和法国的模式非常相似。德国的幼儿入园率较低一些,这一点类似于许多东欧国家。但是,在这些国家幼儿的入园率也能够达到75%~85%。

丹麦幼儿的入园率在欧洲是最高的,而且托幼机构的服务时间延伸到工作日之外;芬兰和瑞典的幼儿入园率稍低一些,但是托幼机构所提供的服务时间覆盖了全部的工作日而不仅仅是学校的教学工作日;在英国,托幼机构的服务尽管处于最适宜的状态,但仍然不能满足人们的期望,因此往往被描述为很不适宜的。

法国、比利时、意大利是世界上学前教育方案最具多样性的国家。法国的 école maternelle(幼儿园)提供了"以幼儿园为主导"的儿童看护模式的优秀范例(kamerman and Kahn 1981)。这种"以幼儿园为主导"的儿童看护模式是法国教育系统不可或缺的组成部分,受到公共财政的资助。在幼儿园的附近通常有其他地方性的设施或附设在小学中,但它们通常是自立的、完全独立的机构。

尽管通常可能没有足够的位置可以满足所有想送自己2岁孩子入园的父母的愿望,但是从2岁开始,所有的儿童都有权利进入幼儿园。托幼机构的服务对象显然是那些有工作的父母,但是进幼儿园的绝不仅仅限于这些幼儿。只有在为2岁幼儿提供的位置不够时,才优先考虑有工作的母亲。

这种托幼机构方案是教育性的,而且在发展适宜性的课程框架下强调儿童的认知发展。托幼机构的时间安排遵循一般学校的教学工作日模式,通常是从上午8:30到下午4:30。学校可以提供午饭,许多幼儿园(以及小学)还提供放学以后的托管照顾服务。

基本的幼儿园服务是免费的,家长只需根据自己的收入情况酌情支付孩子的午饭和放学以后的托管照顾服务费用。法国的学校在星期三不开放(在星期六只开放半天),但仍然有收费的托管服务。

尽管法国人自己对这些方案的评价较高,但托幼机构的班级规模以及师幼比并不能使美国的儿童发展专家满意。班级规模很大:在由25~30个(或更多的)4岁幼儿构成的班级里,只有一名教师(有时是一名助教)。尽管如此,这种托幼机构方案相当普遍,人们认为这些托幼机构为幼儿入学提供了必要的社会性经验和与同龄伙伴一起游戏、成长和发展的宝贵机会。法国的研究者发现:没有进幼儿园的孩子入学后在发展上可能处于劣势(Kamerman and Kahn 1981)。

在法国幼儿的入园率非常高。尽管在3~5岁幼儿的母亲中只有大约60%的人在工作,但却有95%以上的幼儿进了幼儿园(Moss 1988,1990,Ergas 1990)。在2岁幼儿中几乎有一半入园,而且还有很多孩子处在等待名单上。虽然有些父母可能选择让他们年龄还小的孩子参加幼儿园的半日活动,但包括2岁幼儿在内的大多数幼儿都是全托的。

比利时与法国的情况非常相似,3~5岁幼儿的在园率和法国差不多,大部分幼儿是在2.5岁时入园的(Olmsted and Weikart 1989)。教学工作日很短,从上午9:30到下午3:30,但放学以后的托管服务日益增多。虽然父母可能会选择半日制方案,但大多数幼儿实际上还是在参与全日制方案。

意大利幼儿园(scuola materna)的情况与此类似,但它的经费来源是多渠道的(Moss 1990, Olmsted and Weikart 1989, Saraceno 1984)。虽然在3~5岁幼儿的母亲中仅有不到一半的人在工作,但却有几乎90%的幼儿都进了幼儿园。大约2/3的托幼机构(尤其是那些在北部的托幼机构为那里90%的幼儿提供了服务)提供服务的时间是整个学校教学工作日(从上午8:30到下午3:30或4:30),或更长的时间。

尽管有学前儿童的母亲在整个劳动力大军中所占的比例较低,但德国的国家政策要求托幼机构方案至少要接受75%的3~5岁的幼儿入园。到20世纪80年代末,学前教育的覆盖率已达到80%(Kamerman and Kahn 1991, Olmsted and Weikart 1989)。就像德国的小学一样,这些托幼机构大都是半日制的,开放时间为上午8:00到下午1:00,大约是一个较长的教学工作日的五分之一。和小学一样,这些托幼机构受州或地方政府而不是中央政府的支持,州、地区、地方政府平均地分担它90%的经费,其余10%的经费来自于家长的交费。

其他的许多国家都有这种在3岁以上幼儿中普及或几乎全部普及托幼机构教育的模式,包括东欧的一些国家如匈牙利、捷克斯洛伐克共和国以及以色列等。在这些国家,义务教育从幼儿5岁开始。即使是在一些次发达地区如中国的香港也正在朝着这一方向前进。

其他一些国家正在4岁幼儿中普及托幼机构教育,正像早些时候他们努力让5岁幼儿进入幼儿园一样。国情之间差别很大的日本和荷兰,也正在4岁和5岁幼儿中普及学前教育,而且荷兰还在努力提高3岁幼儿的入园率。在一些欠发达国家,虽然学前教育的普及率较之于工业化国家要低很多,但是3~6岁儿童的入园率在明显增长(Olmsted and Weikart 1989)。

和欧洲以托幼机构为主体的学前教育模式不同,在丹麦、芬兰和瑞典,儿童看护是在社会福利系统资助下的自立、自治的独立机构,它们主要为所有义务教育之前的、7岁以下具有法定资格的儿童提供服务。如果考虑到在这些国家还有法定的父母育儿假,那么就意味着儿童从1岁起就已经被涵盖于学前教育方案中了。瑞典有关儿童发展的研究表明,高质量的儿童看护会对年幼儿童在短期和长期内产生积极的效应。

在丹麦,超过75%的有学龄前孩子的母亲在工作,但是对儿童看护服务的需求是增长大于供给。丹麦的托幼机构方案的覆盖率大约是85%,其中60%的在园儿童参加的是在工作日提供全天服务的儿童看护方案,其余的儿童参加的是在学校教学工作日提供全天或半天服务的方案。这些方案无论是在数量还是在质量上都超过了欧洲任何一个国家的儿童看护方案:师幼比相当高,班级规模较小,质量容易控制。

和丹麦一样,瑞典为家长提供了随处可得的、在家庭之外的高质量的儿童看护服务。对于班级规模、师幼比、照料者的资格等有严格的规定和控制,这种规定以大量的研究为基础,即使是以美国专家关于"高质量的儿童看护"的观点来看也是高质量的(Hayes et al. 1990k, Ruopp 1979)。这些儿童看护服务有强大的财政支持,家长只是根据自己的收入情况来支付适当的费用,通常不超过妇女平均工资的10%(Kamerman and Kahn 1981)。

瑞典的学前教育方案强调托幼机构班级的混龄组合，这和大多数国家根据年龄来分班的做法是不同的。因此，2 岁（或 2.5 岁）~6 岁的幼儿可能被安排在同一个班级中，但是在课程的内容上会安排一些特殊的与幼儿年龄相适宜的活动。

虽然儿童看护服务是普及性的，所有的幼儿都有资格获得，但是还是会优先考虑那些工作母亲、尤其是单身母亲和移民家庭的儿童。由于有 7 岁以下幼儿的母亲中约 80% 的人在工作，因此对儿童看护服务的需求仍然超过了供给。

在 20 世纪 80 年代中期，瑞典大约有 60% 的 1~7岁的幼儿在市立的（公立的）儿童看护机构，只有 13% 的幼儿在私立的儿童看护机构。在 20 世纪六七十年代，由于妇女劳动力的增加和人们对在社会快速发展时期儿童健康发展关注的日益增强，使得儿童看护服务迅速增长。经济发展的阻滞阻碍了人们对于 70 年代所提出的儿童看护服务目标的充分认识，但是儿童看护服务方案还是在不断地增多。当前的目标是把父母的假期延长至孩子 18 个月大（见表 2），确保所有 18 个月以上的幼儿能够在受资助的儿童看护方案中获得一个名额。虽然这一目标的实现一直受到阻碍，但仍然期待在今后的几年中能够实现这一目标。虽然强调为 1~2岁婴儿提供看护是优先发展的重点，但是芬兰宣称：到 1995 年所有希望他们3~7 岁的孩子入园的父母都可以在受资助的托幼机构获得位置。

到 1990 年，在 2.5 岁或 3 岁直至入小学的幼儿中普及托幼机构教育的运动已经在欧洲大部分国家实现了它的目标，尚未达成这个目标的国家也希望很快能够实现这一目标。来自于教育、儿童发展以及满足工作父母的需要等多方面的综合压力已经使得儿童看护方案基本上成为社会政策的组成部分，而且造就了范围广泛的政策支持者。大部分欧洲国家的儿童看护方案所提供的服务时间涵盖了正常的教学工作日或学年，这就要比美国同类的儿童看护方案所提供的服务时间要长。在许多国家，教学工作日都比较短，如果要满足工作母亲的需要的话，那么 90 年代的任务就是或者延长教学工作日的时间或者提供额外的学前儿童看护服务。无论如何，在工作父母、尤其是母亲工作不可避免的情况下，现存的儿童看护方案在提供儿童看护服务上仍然有很长的一段路要走。

3. 为 3 岁以下儿童提供的看护服务

20 世纪 90 年代，为 3 岁以下儿童提供看护服务问题受到国际社会的普遍关注。为 3 岁以下儿童提供的看护服务范围正在扩展，包括了父母的育儿休假政策、收入支持政策以及儿童看护服务。几乎所有发达的工业化国家都为父母提供了带薪产假或育儿假以保证有工作的母亲在生产之后的身体康复，使家庭能够适应新生儿的到来。一些国家为父母提供了范围更广的带薪的工作保护性休假作为为婴儿、甚至是学步儿提供看护服务的一种形式。这些休假政策在持续的时间、工资替代比率、父亲或母亲获得这种待遇的可能性以及指定为母亲的必修假的时间的长短方面，在各个国家之间是不同的。除美国以外，大多数发达的工业化国家都有这种国家政策。现存的多样性政策还必须重视 1~2岁婴儿而不仅仅是幼儿的看护服务问题。对于“学步儿”，一些国家强调提供看护服务，另外一些国家则强调父母在家中照顾孩子的经济利益；还有一些国家则为父母提供多重选择。

3.1　婴儿看护：产假/父母假

大多数婴儿或学步儿看护政策的首要内容是强调婴儿和他们有工作的母亲在婴儿出生时的需要以及今后的需要。

为有工作的父母提供的产假和父母休假政策包括带薪的、工作保护性的休假以及具有连续性的健康保险或医疗保健，这些政策和其他不带薪的、工作保护性的休假是互补的（参见表 2）。制定这些政策是为了确保婴儿有一个良好的生命开端，在维持家庭收入水平的同时保护母亲的健康。全世界大约一百多个国家，包括欧洲的所有国家、加拿大、以色列、新加坡和一些发展中国家都有这种休假政策。母亲或父母照顾婴儿的带薪假期至少有 2~3 个月，在欧洲的一些国家更是往往长达 6 个月或更长的时间。

有关产假和父母育儿假政策的存在并不仅仅是因为存在着高比例的妇女劳动力。在妇女就业率较高的国家中，只有美国没有这样的国家政策。

表 2　　一些西方国家的带薪产假/父母育儿假

国家	时间	假期长度	父亲假	津贴补助
收入水平 100% 的津贴[a]				
挪威	1988	18 周	有	有
澳大利亚	1991	16 周 +10 个月 在较低水平上[b]		有[b]
西德	1992	14 周[c]	有	2 年(平均增加率[c])
葡萄牙	1984	3 个月		有
荷兰	1984	12 周		
瑞典	1991	12 个月 +3 个月 (平均增加率)	有	最长为 3 个多月;以后为每周 1 天 6 小时直到孩子 8 岁
收入水平 90% 的津贴				
丹麦	1991	24 周	有	有
法国	1991	16 周[c]		可达 2 年
英国	1990	16 周 +12 周(平均增加率)	有	不带薪的产假
收入水平 80% 的津贴				
芬兰	1991	10 个半月[d]	有	2 年(平均增加率)
意大利	1984	5 个月		6 个月(以较低的比率增长)
比利时	1984	14 周		
爱尔兰	1984	14 周		
收入水平 75% 的津贴				
西班牙	1984	14 周		
以色列	1984	12 周		
收入水平 60% 的津贴				
加拿大	1987	25 周		
收入水平 50% 的津贴				
希腊	1984	12 周		

a 达到社会安全保障的最大限度

b 如果低收入的单身母亲没能找到儿童看护服务就为她们再增加两年

c 在核实收入的基础上能够延长 9 个月

d 这份津贴要征税

而且在许多妇女就业率远远低于美国的国家也有这样的法定政策。

当然,在许多欧洲国家这些休假政策使得在家庭以外是否对(1岁以下)婴儿提供看护服务不再是讨论的话题。即使在那些3岁以下孩子的母亲的就业率较高的国家,例如在丹麦、芬兰、瑞典(这类母亲的就业率大约为75%或更高一些,比美国要高一点),也几乎没有1岁以下的孩子参与家庭之外的看护。包括了职业妇女的产假在内的休假政策使得孩子至少可以在母亲或父亲的照料下在家中度过其生命第一年的好时光。产期或父母的育儿假的时间的长短决定了在什么时候才需要儿童看护服务。在那些只为父母提供较短的育儿假的国家来说,婴儿看护服务是必要的。

在大多数国家,为了使家庭收入不至于因孩子的出生而受损为家庭提供一些津贴,这种津贴或相当于母亲或父母的最低工资的100%(即社会保险所保障的最高工资),或相当于母亲或父母的最低工资的90%(即少于社会保险所保障的工资),或只是保障工资的一部分(60%、70%或80%)。在大多数国家(但不包括加拿大、芬兰、瑞典)这些津贴都是免税的。

所有这些津贴在财政来源上或者是捐助性的、或者是非捐助性的社会保险津贴。在一些国家雇主或政府共同分担大部分或所有的费用,而在另一些国家,例如在加拿大,雇员也是捐助者。一个国家的健康保险系统(包括带薪病假)是最有可能承担产假津贴的管理责任的系统。以色列把产假津贴看作是一个独立的社会保险福利系统;英国要求雇主支付产假津贴但政府会做偿还;加拿大和澳大利亚则通过失业保险系统来提供这种产假津贴。这种特殊的支付系统就如同其早期的历史和意识形态一样,是政府结构的一种衍生功能。

传统的产妇政策来源于19世纪末20世纪初为保护怀孕的在职母亲、新的母亲及其婴儿的健康而制定的法规。直到20世纪60年代,保护雇员和劳动力的目标才附加其上并变得更为重要。

第二种模式建立在对父母双亲共同照顾新生儿的重要性的认识基础之上。在孩子出生之前和在孩子出生以后的6~12周内为母亲提供一份家长保险津贴。但是在余下的产假内也允许父亲同等地享受或部分享受这样的待遇。正如产假、父母育儿假包括对工作、资历和收益的保护一样。

瑞典是有这种子女抚育保险的典型国家。瑞典为父母亲提供了18个月的工作保护性的育儿假,它是父母亲双方都可以享受的。在一年的休假时间里,为父母亲提供相当于他们工资90%的现金补贴,在此后的3个月中,也为父母提供按一定比例增长的津贴。这些津贴和假期可以用于父母做一些兼职工作,因此父母的育儿假实际上都超过了18个月。

在未来的几年中,人们期望在18个月的育儿假里都能得到现金津贴。在瑞典所有的工作母亲都可从这些政策中获益,而且85%的工作母亲在假期休满以后或在孩子过完第一个生日以后重返工作岗位。1987年,除了享受在孩子出生时的两周带薪假以外,有25%的符合法定条件的父亲至少享受了部分育儿假。

在几乎所有的发达的工业化国家,享受产假和育儿津贴是所有的工作母亲和部分父亲的法定权利。这些国家都制定了适度的社会福利政策。政策的支持者认为,如果要确保每个孩子有一个良好的生命开端,那么这些政策就应当成为任何一个国家儿童看护政策的必要组成部分;但是若要减少对婴儿看护服务的需要,带薪育儿假的期限就变得相当重要,在那些有幼小孩子的妇女就业率较高的国家就更应如此。

3.2 学步儿看护:育儿津贴和儿童看护服务

1~2.5岁婴儿的看护问题是大多数欧洲国家面临的一个主要问题(Moss 1988, 1990; Ergas 1987; EEC 1984; Kamerman and Kahn 1981, 1991)。迄今为止,扩展为这个年龄婴儿提供的看护服务仍然是最重要的儿童看护政策。

关于学步儿的当前的国际政策是处于变化之中的,欧洲国家也正在实践不同的模式:把带薪的工作保护性育儿假扩展到孩子1.5岁、2岁或3岁;提供现金津贴支持那些选择在家照顾自己幼小孩子的父母;以低收入的或受雇的父母为目标专门制定的政策;扩展为工作父母提供的儿童看护服务。一些国家确定了一些特殊的政策,还有一些国家则采用“菜单”式的可供选择的政策。

显然，一些国家之所以制定并扩展关于父母育儿假的政策，其原因是多方面的：例如低出生率、劳动力的短缺、婴儿或学步儿看护的高费用、对儿童发展问题的关注等。

一些国家，包括澳大利亚、捷克斯洛伐克共和国、芬兰、法国、德国、匈牙利以及瑞典现在都为父母或者提供扩展的、工作保护性的带薪育儿假，或者提供与儿童有关的现金津贴以使一些幼小儿童的母亲（或父母）有可能更长时间（比带薪的育儿假所允许的时间还要长）地待在家里照顾孩子（Kamerman and Kahn 1981，1991）。大体上说以上这些都是最近的发展情况，而且应当指出的是，它们也是对有关儿童看护服务的模式所进行的令人感兴趣的选择。

已经扩展了学步儿看护服务政策的国家采取了许多措施以回应有幼小婴儿的妇女就业率日益增长的趋势。一些国家也正在对日益增长的、要求为幼儿做好学校准备（和幼儿园准备）的压力做出回应。

与前面所描述的托幼机构方案相比，实施学步儿看护的系统是非常多样化的。虽然既有家庭托儿所，又有集体看护的日托中心，但是无论是哪种形式的托儿服务都是不够的。丹麦和瑞典提供了公共津贴以允许3个或4个家庭共同支付一个看护者的费用，这个看护者在其中的一家为大家提供看护服务。在法国和芬兰，人们能够获得帮助支付在家庭看护学步儿的公共津贴。

和产假/父母育儿假津贴（这在欧洲已经普及）以及托幼机构教育（这在许多国家也已经普及或正在接近该目标）相比，为1～2岁儿童提供的看护服务是非常有限的。这种看护服务所涵盖的学步儿在国与国之间有很大的差异，在大多数国家不足10%，在美国则为20%（大部分由家庭托儿所提供看护服务），法国为33%，丹麦超过50%（由家庭托儿所和日托中心共同提供服务，各占一半）（参见表1）。在英国，实际上没有为两岁以下儿童提供的看护服务，它所提供的仅仅是保护而不是为工作父母的孩子提供的看护服务。

在那些托幼机构教育作为教育系统的组成部分的国家，为3岁以下儿童提供服务的方案常常受健康部门的管辖。只有在为数不多的国家，例如西班牙和意大利，为3岁以下儿童提供的服务机构也受教育部门的管辖。如前所述，为所有义务教育阶段之前的儿童（包括学步儿）提供看护服务的斯堪的纳维亚模式是一种自治的系统，它由社会福利部门管理。

虽然为学步儿的看护服务提供了广泛的公共资助，但是托幼机构教育所不同的是，这些服务既不是免费的，也不是普及性的。家长根据自己的收入情况来支付相当于看护服务成本的10%～50%的费用，但这又因国家而异。只是在法国，由于有雇主为雇员所需的学步儿看护服务提供资助，因此集体的日托中心和得到公共经费资助的家庭托儿所在收费上才通常没有太大的区别。

不管这些看护服务方案在类型上有何不同，它们所提供的服务基本上都是为有工作的父母提供儿童看护服务。对那些有特殊的社会需要或心理需要的儿童提供看护是有资格限制的。优先考虑接收的情况包括：父母为双职工的孩子，尤其是那些来自单亲家庭的孩子；低收入家庭的孩子；移民家庭的孩子；在瑞典和意大利等国家，优先照顾的对象包括有身体缺陷的儿童。

婴儿和学步儿方案中通常没有持续性的或统一的课程，在家庭托儿所更是很少有这样的课程（Moss 1998）。这些为婴儿和学步儿提供看护服务的机构通常每天运行10～12个小时，通常是从上午的6:30到晚上的6:30。孩子通常一整天待在那里。在瑞典和丹麦等国家，母亲通常只工作半天，因此孩子仅仅需要被照顾半天。在南欧，这些机构通常在夏天停止提供服务1个月；但在有的地方是全年开放的。尽管婴儿入托的年龄与父母的产假或育儿假的长短有密切关系，但只有到9月份，在大一点的孩子进入学前班以后，托幼机构才有新的位置空出来。每个地方都短缺为婴儿和学步儿提供的看护服务，没有一个国家为该年龄组的儿童提供了足够的服务（Moss 1988，1990）。

为这个年龄段的孩子提供看护服务的主要是家庭托儿所，由于提供集体看护的日托中心通常不能为家长提供足够的位置，因此家长也不会喜欢这种形式的托儿服务(Moss 1988,1990)。和美国不同的是:在如丹麦、芬兰、法国、德国以及瑞典等大多数国家,大多数家庭托儿服务的提供者都经过招聘、培训,甚至能够从当地儿童看护服务的管理部门或社会性团体的管理部门那里获得报酬。在许多国家存在着相当多的为婴儿和学步儿提供看护服务的私人机构。

芬兰是唯一的已经决定要扩展为3岁以下儿童提供看护服务的国家,这也是它的儿童看护政策的基本目标。它在双元政策取向的背景下为父母提供双重选择:父母可以在儿童看护机构获得有公共资金补贴的入托名额,或者是接受现金津贴自己在家里照顾孩子。政府宣称:目前有足够的名额可以满足父母对家庭以外的儿童看护服务的需要,这些名额或者是由受到公共资金支持的家庭托儿所提供,或者是由日托中心提供。当前的资料表明:充足的公共儿童看护服务大约可以覆盖45%的3岁以下儿童。另外有10%的儿童是由看护者在自己家里提供的,他们的薪水部分是由政府资助的。在其余45%的3岁以下儿童由享受育儿假的父母看护照顾的基础上,得出了"充分的覆盖率"的结论。

4. 总结

所有的欧洲国家都已经认识到为3~6岁的幼儿所提供的托幼机构教育的重要性和价值。无论母亲是否在工作,托幼机构对幼儿的社会化或教育,以及这些机构在父母工作时所提供的儿童看护服务都有着重要的意义。这些服务日渐普及且是免费的、甚至是自愿的,它们面向所有父母在工作的孩子。即使在那些儿童看护服务已经从教育系统中分离出来自成一体的国家也在朝着普及托幼机构教育的的方向努力。所有的国家都强调要实施年龄和发展适宜性的方案,这些方案受到公共财政的资助,是由公共服务部门管理的。一方面,越来越多的国家正在努力扩展服务以覆盖所有的适龄幼儿;另一方面,这种服务的质量也因受到各种因素(例如班级规模、师幼比、教师资格)的影响而在不同国家之间存在着显著的差异。

几乎所有的工业化国家(不包括美国)和许多发展中国家已经意识到制定有关产假/父母育儿政策的必要性,这些政策可以确保工作母亲在孩子出生后有时间康复身体、适应新生儿的养育而不至于丢掉工作、减少家庭收入。在大多数西方国家目前实施的这种政策也把收养子女的家庭包括进来了。这些国家需要解决的差异只是休假期的长短、津贴水平、父亲应当和母亲一样同等地享受这种津贴。实际上,为了防止孩子的母亲或父亲因待在家里照顾孩子而离开工作岗位以致家庭收入减少,许多国家采取了社会性的保护措施,因此使婴儿看护再一次变成了父母自己在家的看护。在婴儿阶段父母亲照顾的缺失可能是下一个阶段社会政策所要解决的一个社会性问题。

在欧洲,一个正在增长的趋势是用一些方式来延长父母的育儿假,这样使得父母中有一方有可能待在家里直到孩子1.5岁、2岁或3岁(Kamerman and Kahn 1991)。对扩展为学步儿提供的看护服务的重要性的认识也在增强,同时,对这种看护服务质量的关注、甚至对这种服务所需费用的关注和认识也都在不断地增强。确实,这也可能是一些国家正在探索制定不同的、可供选择的政策的原因。在任何一个国家为学步儿所提供的看护服务都还不能充分覆盖所有的学步儿,只有瑞典和芬兰做出了明显的承诺来扩展这种服务。除了美国,任何一个发达的工业化国家都没有私人性质的儿童看护服务方案。英国在主要的欧洲国家中是一个例外,在欧洲它是唯一没有为儿童提供充分的看护服务的国家。与美国再一次形成鲜明对比的是,在这里作为赞助者的雇主地位既没有被看作是有重要意义的,也没有被看作是达成儿童看护服务的覆盖率的一种途径。尽管这种赞助者的雇主地位在历史上早些时候已经出现,尤其是在意大利和其他一些地方。

儿童看护、托幼机构以及早期教育正在被看作是一种公共责任以及儿童应有的权利。虽然一些国家提供儿童看护服务是为了支持妇女就业,但是还有一些国家是强调这些政策和方案对儿童发展的影响。而且,还有一些国家强调这种政策是一种确保妇女愿意要孩子的策略,也可以为儿童入学做好良好的准备。无论如何,所有这些国家正在准备为这些政策加大资金投入，继续努力实施这些政策。

S. B. 卡默曼(S. B. Kamerman) 著
刘 焱 袁忠英 译

附录

Commission of the European Communities 1984, *Day-Care Facilities and Services for Children Under the Age of Three in the European Community*. Commission of the European Communities, Luxembourg

Ergas Y 1990 Child care policies in comparative perspective: An introductory discussion. (Prepared for the Conference of National Experts on Lone Parents: The Economic Challenge of Changing Family Structures, December 15—17, 1987.) In: Duskin E (ed.) 1990 *Lone Parent Families: The Economic Challenge*. OECD Social Policy Studies No. 8. OECD, Paris

Hayes C D, Palmer J L, Zaslow M J (eds.) 1990 *Who Cares for America's Children? Child Care Policy for the 1990s*. National Academy Press, Washington, DC

Kamerman S B, Kahn A J 1981 *Child Care, Family Benefits and Working Parents: A Study in Comparative Policy*. Columbia University Press, New York

Kamerman S B, Kahn A J 1989a The possibilities for child and family policy: A cross-national perspective. In: Macchiarola F J, Gartner A (eds.) 1989 *Caring for America's Children*. The Academy of Political Science, New York

Kamerman S B, Kahn A J 1989b Family policy: Has the United States learned from Europe? In: Hula R, Anderson E (eds.) 1989 Symposium on Family Policy, *Policy Studies Review*

Kamerman S B, Kahn A J (eds.) 1991 *Child Care, Parental Leave, and the Under 3s: Policy Innovation in Europe*. Auburn House, New York

Moss P (coordinator) 1988 *Childcare and equality of opportunity: Consolidated report to the European Commission*. Prepared for the Commission of the European Community, London

Moss P 1990 *Childcare in the European Communities 1985—1990*. Commission of the European Communities, European Commission Childcare Network, Brussels

Olmsted P P, Weikart D P (eds.) 1989 *How Nations Serve Young Children: Profiles of Child Care and Education in 14 Countries*. High/Scope Press, Ypsilanti, Michigan

Ruopp R, Travers J, Glantz F, Coelen C 1979 *Children at the Center: Final Report of the National Day Care Study*. Abt Associates, Cambridge, Massachusetts

Saraceno C 1984 The Social Construction of Childhood: Chid Care and Education Policies in Italy and the United States. *Soc. Prob.* 31(3): 351—363

其他参考文献

Kamerman S B 1988 Maternity and parenting benefits: An international overview. In: Zigler E, Frank M (eds.) 1988 *The Parental Leave Crisis: Toward a National Policy*. Yale University Press, New Haven, Connecticut

Langsted O, Sommer D in press Changing socialization patterns, child care policies and programs in contemporary Denmark. In: Cochran M (ed.) in press *International Handbook of Daycare Policies and Programs*. Greenwood Press, Westport, Connecticut

世界学前教育的发展趋势(Preschool Education: Worldwide Trends)

本词条介绍了早期儿童看护和教育的发展趋势，考察了国际上对幼儿期新的关注，概括了发展中国家和工业化国家的早期教育实践，并简要地分析了儿童早期干预领域中尚未解决的一些问题。本词条更多地使用了“早期儿童看护与教育”或“早期儿童发展”之类的术语，而较少使用“学前教育”一词，这是因为前者更符合当前人们对于儿童的理解以及对于人类发展中的关键因素和阶段的认识。有研究表明，如果幼儿的营养、身体健康以及情感上的安全不能同时得到保障，特别是他们在胎儿期和婴儿期时这些需要没有得到满足，那么他们的认知发展就会受到严重的阻碍。到了3岁时，儿童在认知的发展、情感的成熟、语言的掌握以及社会技能方面就已经表现出各种明显的差异。从广义上来讲，“学前教育”这一术语是很容易令人接受的，但是在实践中它所指的多为对4岁以上幼儿进行的学业启蒙教育。

1. 国际上对于早期儿童发展的新兴趣

幼儿教育已经成为所有文明社会讨论的问题。孔子的《论语》、柏拉图的《理想国》以及亚里士多德的《政治学》提出了一些基本的教育问题：应该如何养育幼儿？教育在人类社会中的作用是什么？家长和社会应该传授给孩子哪些基本的知识？由于在19世纪或新殖民主义之后建立起来的大公共教育体系在面临意义深远的人口问题、社会经济问题以及文化上的深刻变革时不能有效地发挥作用，因此，自20世纪70年代中期以来上述这些问题就变得更为突出。然而，之所以强调早期儿童看护与教育的潜在的重要性，其实还存在一些更为根本性的原因。

1.1 新的知识基础

早期儿童的看护与教育被研究者们看作是基础教育过程的第一个且必不可少的阶段。20世纪，在科学研究和长期验证的基础上，一门受到人们认同的学科体系——“儿童生理心理学”形成了。这一研究体系表明，0至8岁这一时期是人的一生中发展的一个关键期。根据前面的概念，它确认了发展的主要阶段，指出了高质量的看护与教育所能帮助儿童达到的发展目标。

20世纪，研究者们再一次证明，儿童早期的发展是多维度的和整合性的。也就是说，儿童的发展包括身体或大肌肉、认知、情感及社会性等多个方面的发展，任何一个方面的发展或延误都会深刻地影响其他方面的发展状况。在这些关键阶段中，儿童在营养、身体、心理或认知上的缺失都会相互影响，它所累积的影响要比在一生中其他任何时候发生类似的问题时都更为严重。

这种研究的结果是将人们的注意力集中到了婴儿和幼儿的身上，它使人们意识到，即使是在胎儿期，儿童也应受到适宜的照顾。20世纪80年代晚期和90年代初期召开的一些世界性的大会指出，人们将会越来越重视儿童早期的重要性，应当为家庭和社区提供支持，以帮助他们实现作为儿童最早的、影响最大的教育者的功能。

1.2 关于人力资源的争论

在20世纪70年代至80年代期间，许多国家和国际机构都开始在他们的儿童教育政策和计划中强调生存和基本的健康问题。很明显，人们已经完全证明：在一些极端恶劣的条件下（如在索马里因战争造成的饥荒），为儿童提供食物、身体安全、避难所以及医疗救助是非常必要的。然而，当暂时的危险过去之后，人们所面临的更大的问题是“如何使这些儿童生存下去”。回答这一问题并不简单。只有在国家的经济和人力资源这一更大的目标框架内，同时强调健康、教育和家庭问题，才能为儿童的发展做好准备。

因此，在工业化的北方，为幼儿的发展所做的准备，不仅其本身就是一种目标，而且也是使那些有技能的职业妇女能够在做了母亲以后还能够继续留在劳动力队伍中的政治意图的一个结果。尽管在社会上有许多团体主张应当由母亲来照看孩子，尤其是在儿童早期更应如此，但是对社区和国家财政资助的儿童看护的需求仍在持续增长。那些生完孩子后仍在工作的年轻妇女们正是这种数量不断增长的支持者，她们需要令人满意的日托服务以及可由她们选择的、来自于托幼机构的帮助。

在发展中国家，为婴儿和幼儿提供的看护服务同样是必不可少的，虽然原因可能是各不相同。虽然大量存在着失业和生产力水平较低的情况，但大多数母亲工作时间过长，而且往往处于极端贫困的境地。以女性为主体的家庭的数量在迅速增长（在拉丁美洲和加勒比海地区大约占到所有家庭的30%），并且女性的贫穷化现象正在增长。由于家庭结构的不断变化、联系的暂时性以及对男人要求的减少，对母亲的传统支持正在下降，这就使得她们在养育孩子时需要帮助。由于工资的低廉和工作本身不需要很多、甚至根本就不需要培训，因此即使是在出口导向型的以经济为中心的发展中国家，也有高达60%的年轻妇女加入到了雇佣大军中。在大多数这样的国家中，对母亲的支持同样也是必要的。然而，当她们成为母亲时，她们并不能得到任何育儿津贴或公共支持。

围绕投资于幼儿发展的有关人力资源的争论远远超出了当前对社会的或劳动力问题关注的范围。细致的追踪研究表明学前教育对幼儿的智力、个性以及社会技能的发展具有非常积极的、可以很好地持续到他们成年期的影响。事实上，世界银行组织以及其他部门的分析表明，就健康和教育而言，对以社区为基础的早期教育方案的投资比对任何其他年龄群体的投资的回报率都更高。由于可以减少儿童在日后的生活中对身体治疗的求助，而且随着他们的成长不用为他们提供昂贵的康复或再教育方案，因此这些早期教育方案也可以产生明显的成本节省效应。它们能够以一种不带任何威胁的方式把儿童、尤其是那些来自于贫困家庭或少数民族家庭的儿童引入学校之中，带进学校的官方语言（通常不是他们的母语）系统和文字世界之中，学习未来所需要的认知和表达行为。此外，它们还能够明显降低小学的辍学率和留级率。在这些方面，早期教育方案发挥着不可或缺的作用（Consultation Group 1989）。

2. 发展中国家早期儿童的看护与教育

虽然在本词条中对南、北两个世界中的早期儿童教育情况所做的区分通常是有效的。但是，也应当注意到，由于在不同国家之间以及在同一国家中的不同社会群体或阶层之间存在着广泛的差异，因此这种区分也许是有失公允的。

2.1 社会经济背景

20世纪90年代初期，在世界范围内，13个婴儿中只有12人可以活到1岁（Myers 1992）。也就是说，医学研究和公共健康的保障手段，例如口服补液及免疫接种宣传，在保证儿童的存活率方面是非常有效的，它可以将婴儿的死亡率降低到8%以下。由于文化和社会经济等多方面原因的共同作用，发展中国家在独立之后，在婴儿的存活率、基本的健康和营养等方面获得了巨大的进步（Combes 1992），这使得它们的人口螺旋式上升，从而导致了国家资源、包括儿童看护和教育资源被过度消耗的严重问题。

几乎所有的发展中国家都具有如下特点：经济上贫穷，拥有相当数量的农村人口（经常是多民族的），较高的人口出生率，且人口增长的速度超过了国家资源所能够承受的范围。此外，它们还不得不承受在20世纪80年代发生的世界性的经济衰退带来的冲击（Baeck 1993）。残酷的结构调整政策使得人们的生活标准严重下降，从而使大多数人生活在西方世界所认定的贫困线以下。20世纪70年代所获得的教育方面的巨大进步消失了，曾经是优质大学中的教职工队伍、图书馆、研究机构都解散了，初等学校由于数量急剧增加且缺少资金投入而跌至失败的边缘。同时，为了偿还国际债务，原本那些有利于弱势群体（包括妇女和儿童）的社会方案被牺牲了。

因此，20世纪90年代初，在整个发展中国家出现的严重的女性贫穷化、频繁的家庭破裂以及大量的营养失调或儿童慢性病患者等现象是不足为奇的。一些评论家估计，在进入初等教育系统的儿童中，有50%以上有身体上的残疾和（或）发展上的障碍。此外，在发展中国家由战争、移民浪潮、艾滋病或社会动乱造成的家庭破裂已经变得非常普遍，以至于数以千万计的儿童流落街头，无家可归。他们没有学上，甚至得不到任何形式的帮助。

2.2 国际社会的反应

虽然来自于发达国家的援助资金并不充足，但是国际上对于上述情况的反应一直是敏感和积极的。世界银行组织和联合国发展计划（United Nations Development Program，UNDP）已经大大地增加了对发展中国家人力资源发展以及基础教育的资金投入。一些专门的机构，如世界卫生组织（World Health Organization，WHO）、联合国国际儿童基金会（United Nations International Children's Fund，UNICEF）以及联合国教科文组织（United Nations Educational，Scientific and Cultural Organization，UNESCO）等也已经响应号召，积极资助儿童的看护和教育。这些机构把早期儿童发展方案视为儿童今后取得学业成就的基础以及妇女和女童教育的一个主要切入点。同样，一些主要的国际非政府组织(Nongovernmental Organization, NGOS)在儿童看护与教育领域(UNESCO 1991a)也已经加快了他们对发展中国家提供帮助的步伐。他们的工作已经成为示范性的榜样,如他们关注儿童的全面发展,关注社区的发展和社会的变化并与之保持密切联系,促进当地专门知识与技术的发展(Chetley 1990)等。

2.3 国家的反应

在发展中国家,国家和地区的努力与国际社会所做出的反应是相一致的。在支持联合国的活动方面,发展中国家政府所做出的努力非常明显。许多政府采取了强有力的措施来实现他们对世界最高首脑会议做出的关于儿童问题的承诺。联合国文件表明,在位于北撒哈拉沙漠的 45 个国家中只有 4 个国家报告说没有采取相关措施。相比较而言,在所列出的 54 个工业化国家中却有 35 个国家没有采取相关措施。然而,由于儿童数量的激增、经济上的限制以及微弱的政府权力等原因,发展中国家政府不得不向联合国机构、国外的基金会、国际非政府组织以及他们自己的国家级大学或专业团体(特别是当地的志愿者组织)寻求帮助,为儿童提供看护和教育服务。最初,这些服务只限于婴儿,但现在已经发展到了基础教育和初等教育阶段。基本说来,许多新的志愿者和专业团体已经加入到儿童健康和看护的服务领域中来了(UNESCO 1992)。通过动员家长和志愿者以及政府或其他方面的支持,发展中国家政府已经能够在他们的国家中发起低成本的、以社区为基础的儿童教养和家长教育方案。

2.4 儿童看护与教育的新方法

各种干预资源的加入使得整个发展中国家的以社区为基础的早期儿童看护与教育方案成为一个“大杂烩”,它们所提供的多样化的儿童看护方式与正规的公共健康和教育体系相平行。儿童看护实践中的这种主要的变化具有以下几个方面的优势:

(a)大大促进了家庭和社区的参与:当地的社区开始独立地组织他们自己的看护与教育服务,或作为政府的有自治权的合作伙伴。尤其是妇女们也联合起来为她们的孩子组织社会性的和教育性的服务,考察儿童看护的实际情况,提高她们自己的受教育水平,并对她们的孩子进行继续深入的教育。由于该方法确实可以鼓励父母承担起对孩子的责任,因此它在社区教育方案中能够发挥一定的作用。

(b)广泛性:社区管理的方案倾向于满足多方面的需要,例如营养、基本的健康及卫生保健;通过游戏小组为儿童提供丰富的早期教育方案;为母亲和家庭所制定的提高收入的计划;提供基础设施;培训志愿者及雇员。与正规的看护和幼儿园教育系统各自独立运营的情况不同的是,以社区为基础的看护与教育通常是联系在一起的。

(c)成本的有效性以及对真正需要的敏感性:由于社区教育方案存在志愿的性质,所以它的成本较低。例如,由于儿童看护可以在家中进行,所以对基本设施的成本投入较低。此外,社区教育方案通常会从当地人们的真正需要出发,而处于中心地位的正规教育系统则往往不能达到这一点。

(d)文化的适宜性:由于许多国家具有多种族的性质,所以这种以社区为基础的、非官办的儿童看护具有较强的文化适宜性,并给少数民族的社区或团体增加了一种成就感和独立感。当地的母亲们参与到看护方案的日常管理中,促进了儿童的入学准备,这特别适宜那些经常被家庭环境与学校环境之间的巨大差距所困扰的乡村儿童。

(e)派生物的丰富性:虽然由地方当局管理的早期儿童发展方案专门指向幼儿,但它同时也教育了母亲,鼓励她们的自信和自尊。母亲们不断提高的受教育水平与不断下降的人口出生率、不断减少的婴儿和母亲的死亡率都是密切联系在一起的。事实上,早期儿童发展方案是一个社区自主、自治的典型实例,因为它们要求社区有一定水平的组织与合作,而这通常会促使社区形成自我管理的领导能力,并促进社区其他方面的发展。

2.5 早期儿童看护与教育的分配

在许多发展中国家,对早期儿童看护和教育的描述往往只是估计。由于幼儿的看护与教育在许多国家都是比较新鲜的事物,所以很少有人尝试提供准确而全面的国家级水平的统计资料,而且在大多数国家的经济核算系统中似乎也没有把儿童教养方案包括在内，而关于幼儿非正规的教养计划的综合报告就更少了。因此，即使存在这方面的信息也是非常零散的。即使有来自于政府的信息资源，它们也往往很难被考虑进去，或者将0～3岁的幼儿排除在外，而这一阶段对于儿童的基本健康以及身体发育来说都是非常重要的。相关的困难也来自于这样的事实：儿童的发展本身就是多维度的，而且它已经成为不同部门（如公共健康、社会福利、教育和就业等部门）的共同责任，有时还涉及文化事业部门及人口部门。目前，要对第三世界国家的儿童看护和发展问题做出详细而全面的论述是不可能的（Myers 1992）。然而，从各种调查特别是联合国教科文组织（1991b）、联合国国际儿童基金会的世界与国家年度报告以及迈尔斯（1992）关于这一问题的论述中，我们可以找到一些比较可靠的论据。

从发展中国家浮现出的整个图景来看，尽管面临着很多困难和问题，但大多数发展中国家正在进行着代表幼儿利益的巨大改革。然而，由于发展中国家儿童的数量不断增长（发展中国家的儿童占世界儿童总数的4/5），使得它在财政投入、普及范围、看护质量以及对实践当中正在发生的事情的研究、特别是对非正规的、以社区为基础的教育这一新生事物的研究方面，都远远地落后于工业化国家。

在发展中国家，对0～3岁幼儿的看护与教育是非常欠缺的。除了少数国家之外，大多数发展中国家对婴儿的早期干预还是主要集中于解决他们的生存问题。为工作母亲提供的有组织的日托服务几乎是没有的，因此家庭就不得不依赖于非正规的看护安排。一个粗略的估计是：不到1%的母亲在教养孩子方面得到过支持（除了她们自己通过家庭和邻居获得的）。因此，整个儿童教养的责任就落到了母亲的身上。她们在多数情况下是缺乏营养、贫穷且因工作而过度疲劳的人。印度等国进行的项目表明，干预所能做出的关键性贡献是同时指向母亲和孩子的，例如胎儿期的照料、教育、食物的补充以及心理感觉经验刺激等。这些项目能够造成儿童在发展和健康方面的巨大差异，更不用说它们在调节人口出生率以及防止母亲的疲劳和死亡等方面也有非常明显的效果。

针对3～6岁的学前儿童发展项目虽然为数不少，但仍然远远不够，尤其是在非洲国家。这些项目越来越多地以社区为基础，有广泛的目的，能够使家长直接参与进来。但是，世界范围内只有少数发展中国家达到了30%的普及率。印度是其中之一，在中国这一年龄阶段进入幼儿园或接受其他服务的儿童大约占到25%。拉丁美洲这一阶段儿童的普及率相对较高，从洪都拉斯的11%到古巴、智利、哥伦比亚以及玻利维亚等国的35%不等。撒哈拉沙漠周边的非洲国家为这一阶段的儿童提供的服务是最少的，特别是那些极不发达的国家。根据记载，普及率还不到1%。但是有调查表明，目前为这一年龄阶段儿童提供的整合式的看护正在迅速扩展，甚至非洲也在进行，而且在招收儿童时不再歧视女童（UNESCO 1990，1992）。

所能获得的关于3～6岁儿童的信息表明，有相当大比例的托幼机构是设在小学中的。然而，20世纪80年代生活标准的变化以及学龄前儿童数量的急剧增长，导致了以托幼机构为基础的国家方案的停滞以及教育质量的急剧下滑。迎合家长需要的私立的学前班和幼儿园应运而生，但它们往往是没有执照的。许多这样的幼儿园坐落于城市的中心，其主要的资金来源是家长支付的费用。它们的目标主要是为幼儿入小学做准备，而不是满足幼儿更为基本的需要，例如身体照顾和营养方面的需要。可以推测出，那些极其贫困的、也最有需要的城市家庭仍然不能获得适合他们需要的幼儿教育方案，他们的孩子实际上也没有可能进入幼儿教育机构。

3. 工业化国家的早期儿童看护与教育

3.1 较大国家的儿童看护的特点

在所有领先的工业化国家中，虽然为幼儿提供的看护和教育服务有丰富的资源，但不同的国家在政策、所能提供的服务、质量和管理上存在着较大的差异。例如，人们习惯于把以下的两者放在一起进行比较，其中一方是斯堪的纳维亚国家、日本以及欧洲大陆的欧共体国家，它们所提供的早期儿童看护服务有较高的覆盖率和较高的质量；另一方是美国(以及英国,在较小的程度上来说),它们所提供的儿童看护服务难以使人满意,儿童看护服务或者被看作是一种社会福利性质的服务,或者被完全看作是一件应当由自己来处理的私人事务。

美国实行的是一种双轨制的儿童看护服务:一轨是针对贫困儿童和少数民族儿童的,由社会公共基金资助的社会福利体系;另一轨是面向大多数中产阶级儿童的,资金来源于家长交费的私立的儿童看护机构。虽然,在美国52%的有年幼孩子的母亲就业,但是只有12%的婴儿和学步儿能够享受公立的托幼机构所提供的看护服务(Olmsted and Weikhart 1989)。而且,在欧洲大陆作为儿童看护的不可或缺的组成部分的一些内容,例如对家庭的支持或对家长受雇用权的保障在美国的社会政策中是比较弱的、甚至是全然缺失的。美国的母亲没有带薪的产假,对家庭的支持由于经济的原因正在迅速地减少,能获得联邦政府支持的老年人的数量甚至不到1/4。这些社会经济方面的趋向令人不安。因为在所有的环境中,无论是南还是北,造成教育失败的主要原因包括:家庭的贫困、母亲较低的受教育水平、儿童较差的身体健康状况,以及处境不利的社会群体对学校教育的认识,即学校教育是无关紧要的。

可以列举出很多原因来说明联邦政府为什么不愿意为儿童看护服务投入资金。例如,对于市场的非干预方针,美国公民对于社会中深层的不公平现象的容忍,家庭和母亲角色的被理想化以及对于民族和个人自由的尊重等等。无论什么原因,大多数评论家都一致认为,即使是在基本的身体保健水平上,政府所提供的服务的覆盖面也是不均等的,而且是不能令人满意的。在由公立和私立的机构构成的教育网络中,其中一部分较好的机构能够为儿童提供优质的教育和发展的机会,但是由于对该系统的大部分缺乏调控,因而阻碍了对于看护服务质量的真正监控和看护提供者的培训。但具有积极意义的是,在美国为所有5岁儿童提供的学前班教育是免费的,而且越来越多的雇主开始为他们的雇员的孩子设立儿童看护和教育中心。

在日本、以色列和斯堪的纳维亚等国,儿童的看护与教育得到了高度的重视。出于不同的原因,这些国家都已经决定为每个儿童都可能获得的高质量的儿童看护和教育投入大量资金。例如在瑞典,父亲在孩子刚出生时有权享受两周带薪假,父母双方中的任何一位享有完全带薪休假9个月在家看护孩子的权利(如果要休18个月的假,则需要在部分时间里工作)。同样,日本也已经成功地使几乎50%的3岁幼儿、89.7%的4岁幼儿、94.5%的5岁幼儿进入了由公共资金设立的托幼机构(Japan 1994)。

在欧共体国家中,为了向妇女提供与男人平等的工作条件以提高工业的竞争力,儿童的看护与教育受到特别的关注,被看作是教育、人口以及家庭政策的一个必不可少的部分(Moss 1992)。在儿童看护与教育的问题上,英国、荷兰和爱尔兰等是一种情况,欧洲大陆的其他国家则又是另一种情况,差异主要存在于这两者之间。在前面的一组国家中,大多数幼儿的母亲不到外面工作,所以传统上公共的儿童看护服务是较弱的。但是这些国家已经在学校中建立了特殊的班级。所有4岁以上的幼儿都可以免费进入这些班级。就婴儿及更年幼的孩子的看护与教育来说,私立的机构所提供的服务也比较正规,尽管其中也有许多由政府提供津贴和管理的游戏小组。在后面一组国家中,对儿童看护与教育的公共投入是相当大的:在法国、比利时及意大利,80%的3岁以上的幼儿进入了托儿所或幼儿园,随着年龄的增加,这一百分比还会有所增长。此外,法国和比利时两国还在托儿所为1/4的0~2岁的婴儿提供位置,丹麦则为这一年龄组中几乎一半的婴儿提供位置。

4. 20世纪90年代的问题

在关于早期儿童看护与教育的公开讨论中,有一些问题是家长、早期儿童教育专家、非政府组织以及政府所共同关注的。

4.1 物质方面的问题:覆盖率和资金

没有一个国家已经成功地向母亲、家庭和幼儿提供了超出公共需求的高质量的服务,而且大多数国家几乎还没有开始着手解决这个问题。因此,不足为奇的是,覆盖率和资金等物质方面的问题仍然是当前首先要解决的问题。

4.2 知识基础方面的不足

实践知识基础的不足是长期以来所存在的一个问题。在大多数国家,为了制定有效的计划必须获得有关实践的信息:例如各个年龄组中儿童的实际人数、他们在各个区域的分布的情况;对于一个特定的国家的儿童来说,什么是可以接受的状况;谁是这一领域中的主角;现存的儿童看护系统主要覆盖的是哪些儿童;可以获得哪些基础设施和受过哪些培训的工作人员等等。

4.3 服务的质量

在20世纪90年代,所有的国家都面临着的一个突出的问题就是儿童看护的质量问题,无论这种看护是由家庭提供的还是由托幼机构提供的。必须付出努力来改善家庭的教育和支持系统,关注以托幼机构为基础的儿童看护与教育,监控和改善儿童看护的动态因素(例如在看护者与儿童之间适宜的互动模式)以及形式方面的问题(如看护场所的规模、材料的可获得性、师幼比、师资培训、课程等等)。在对这一问题所进行的全面讨论中,凯茨(Katz 1992)提出,儿童看护和教育方案的质量应根据它们对于家庭、工作人员、社区以及整个社会的实际价值来评价,最重要的或许是根据儿童对他们在一段较长的时间中所获得的满意度体验、特别是他们在智力上所感受到的胜任和尊重的满意度来评价。研究表明,事实上,无论是在家庭还是在幼儿园,儿童所接受的看护服务的质量,是影响他们身心健康和发展的一种决定性因素。不幸的是,在经济萧条、注重短期效应、削减成本为主导的经济氛围中,出现的是把儿童看护与教育降低到最小限度的身体照料与监护的趋势。

4.4 母亲还是保育员?

当提及为婴儿提供公共的日托服务这个问题时,总会唤起人们强烈的情绪。即使可以获得优质的日托看护服务,许多母亲仍会感到她们好像是在抛弃自己的孩子,特别是在那些比较重视家庭和社会价值的传统社会中母亲的这种感觉更为强烈。在经济上的需要和关于理想化的家庭的文化表征之间存在着冲突,而关于理想化的家庭的文化表征并不能反映当今家庭的现实状况。虽然迄今还没有研究能够对那些早期家庭以外的儿童看护服务对幼儿发展的影响给出结论性的回答(Belsky 1988),但有两个事实是很清楚的:第一,排除母亲对孩子的照顾对于人类来说是不合乎情理的,即使对于那些被看作是先进的社会来说也是如此(Badinter 1980);第二,对于儿童来说,在他们刚刚出生的头几个月中内化母亲的形象并在以后的日子里体验到整个童年期中双亲对他们的爱和关怀是非常重要的。因此,或许可以认为,真正的问题不在于幼儿是由母亲照顾还是交给托幼机构照料,而在于托幼机构如何与父母最好地相互补充与配合。

4.5 父亲的缺失

在孩子面前,父亲往往“不在场”。父亲的这种“不在场”或者是身体上的,或者是感情上的。他们不能履行兰布(Lamb 1986)所提出的父亲的三项职责:保证孩子的幸福,满足孩子的需要,对孩子和蔼可亲并与之互动。有人提出,父亲之所以躲避自己对于孩子的责任是有原因的。例如在许多家庭中,性别刻板化使得男孩把自己社会化为养家糊口的人(是否有男子汉气概),而使女孩社会化为家庭主妇。但无论原因是什么,可以肯定的是,父亲的缺失对于孩子(特别是对儿子)的社会化以及家庭的经济状况都会产生负面的影响。很明显,如果家庭破裂,单亲家庭滑向贫穷的可能性就会增强。因此,需要采取某种形式的教育措施以改变人们关于父母职责的文化理解。

4.6 公立还是私立

对于私立机构和自由市场的尊重往往可以防止政府对儿童早期干预的不足。但是工业化国家的经验表明,政府对于某些领域的公共干预是必要的,政府如果不愿承担这种责任将会导致早期教育在普及率及质量上的严重的不平等。研究和信息的统计;政策的制定、计划和监督;课程发展和教学材料;机构和能力的建设;与小学教育的衔接;充分和持续的师资培训以及对质量、材料和环境的调节等,这些都是政府应该很好地加以协调的领域,特别是在多元文化和多元语言的社会背景下更是如此。此外,由社会公共权力部门和业已存在的民间发起的认可和认证(不包括任何形式的资金资助),都可以极大地改善儿童看护服务的质量和稳定性。

显然,不必要去照搬或扩展那种以托幼机构为中心的儿童看护体系。在工业化国家,在有政府拨款、专门的立法以及协调儿童看护责任的雇佣制度等措施的背景下,非正规的、去机构化的儿童看护服务似乎更能满足家长和社区的需要。工业化国家如瑞典,已经决定最大限度地将家庭与儿童早期的发展结合起来,但不以家长失去工作的权利为代价。市政当局已投票决定向家庭提供支持,把法定的带薪育儿假看作是为幼儿提供高质量的看护服务的成本效益最高的一种方法。尤其是要把向家长提供家访和教育服务、为被忽视的群体提供可选择的方案等作为辅助手段。通过立法和财政的激励,政府已经激励起父亲承担自己在孩子的看护中应尽的责任。同样,在发展中国家中,也有可能组织低成本的、具有文化上的适宜性、能够为儿童的发展提供支持的日托服务(Swaminathan 1990)。同时,也应当继续倡导家庭、社区和政府三者更平等地分担教养儿童的责任,并将儿童教养视为这三者的共同职责。

4.7 小幼衔接

由于学校教育模式一直占据着支配地位,所以在这二者之间的联结通常是有问题的。4~6岁儿童的教育方案往往是小学教育的向下延伸。虽然托幼机构的课程是相对自由的,但是实际上托幼机构的课程是建立在追随学校教育的课程模式的基础之上的。鲍利特(Pollitt 1990)已经证明,当贫穷和高注册率成为惯例时(例如在发展中国家和越来越多的工业化的城市地区),这些最初的学习经验对于儿童来说具有怎样的消极意义。当儿童饿着肚子来到学校中,健康状况极差的身体使得他们极易受到疾病的侵害,最初的学校教育结果只能是使他们的身体状况越来越糟糕,从而导致长期的缺席甚至辍学。相比较而言,建立在一体化的社区儿童看护和教育基础之上的儿童早期发展方案和以儿童为中心的学习,看起来似乎更有效,更适合幼儿发展的需要。

5. 结论

20世纪90年代早期,学前教育是发展最快的一个教育领域。这不仅来自于社会发展的需要,而且也由于人们已经认识到学前教育对小学教育具有非常积极的影响。只要我们:(a)强调的是儿童的学习、健康和发展而非学业目标;(b)不忽视0~3岁这一年龄段的儿童,那么这种教育就会是优质的。婴儿和学步儿期不仅对于儿童的智力和社会性的发展来说是干预的关键期,而且在发展中国家对于母亲的健康和教育来说也是干预的关键期。因此,许多评论家得出的结论似乎是正确的,即对幼儿负有责任的公共权力部门必须为儿童、家庭、社区和学校提供一种比较完整而全面的方案,形成一种将营养、健康、家庭以及社区的投入整合在一起的、范围更广的早期儿童教育方案。在条件许可的情况下,甚至可以把它整合到小学的教育中去。

J. 贝内特(J. Bennett) 著

左晓静 刘 焱 译

附录

Badinter 1980 *L'Armour en plus*. Flammarion, Paris

Baeck L 1993 *Post-War Development Theories and Practice*. UNESCO/International Social Science Council, Paris

Chetley A 1990 *The Power to Change: The Experience of the Costa Atlantica Project in Colombia, 1977—1989*. Bernard Van Leer Foundation, The Hague

Combes B 1992 Childhood in Africa: Challenges and opportunities. In: UNESCO 1992

Consultative Group on Early Childhood And Development 1989 Coordinators' Notebook, No. 8

Japan 1991 *Report from the Council for the Promotion of Kindergarten Education*. Ministry of Education, Culture and Science, Tokyo

Katz L G 1992 Early childhood programs: Multiple perspectives on quality. *Childhood Education*(Winter)

Lamb M(ed.) 1986 *The Father's Role: Applied Perspectives*. J Wiley, New York

Melhuish E, Moss P(eds.) 1991 *Day Care for Young Children: International Perspectives*. Routledge, London

Myers R 1992 *The Twelve Who Survive*. Routledge, London

Olmsted P and Weikart D 1989 *How Nations Serve*

Young Children. High/Scope Press, Ypsilanti, Michigan

Pierrehumbert B 1992 *L'Acceuil du jeune enfant : politiques et recherches dans les differents pays.* ESF editeur, Paris

Pollitt E 1990 *Malnutrition and Infection in the Classroom.* UNESCO, Paris

Swaminathan M 1990, *The First Three Years : A Sourcebook on Early Childhood Care and Education.* Report No. ED-90/WS-28 (UNESCO-UNICEF Co-operative Programme Digest, No. 31). UNESCO, Paris

UNESCO 1990 *Basic Education and Literacy : World Statistical Indicators*, Report No. ST-90/WS-1. UNESCO, Paris

UNESCO 1991a *International Directory on the Young Child and the Family/Rexpertoire international sur le jeune enfant et le milieu familial.* UNESCO, Paris

UNESCO 1991b *Unesco World Report on Education.* UNESCO Paris

UNESCO 1992 *Early Childhood Care and Education Directory of Organizations in Sub-Saharan Africa.* UNESCO, Paris

其他参考文献

Aries P 1962 *Centuries of Childhood : A Social History of Family Life.* Vintage Books, New York

Consultative Group on Early Childhood Care and Development *Coordinators' Notebook* (various issues)

Ulich R (ed.) 1947 *Three Thousand Years of Educational Wisdom : Selections from Great Documents.* Harvard University Press, Cambridge, Massachusetts

UNESCO 1991 *Early Childhood Care and Education : A World Survey.* UNESCO, Paris

UNICEF 1989 *Statistics on Children in UNICEF Assisted Countries.* UNICEF, New York

UNICEF 1990 *Children and Development in the 1990s : A UNICEF Sourcebook.* UNICEF, New York

UNICEF 1992 *The State of the World's Children 1992.* Oxford University Press, Oxford

United Nations Development Program (UNDP) *Human Development Report.* UNDP, New York

《教育大百科全书》专题名录及英文版主编

教育管理	主编	美国宾夕法尼亚大学教育学院　W. L. 博伊德(W L Boyd)教授
教育政策与规划	主编	加拿大安大略教育研究院国际教育和发展教育中心主任 J. P. 法雷利(J P Farrell)教授
教育评价	主编	美国伊利诺伊大学　H. J. 沃尔博格(H J Walberg)教授
教育人类学	主编	美国加利福尼亚大学伯克利分校　J. U. 奥布(J U Ogbu)教授
教育哲学	主编	美国斯坦福大学　D. C. 菲利普斯(D C Phillips)教授
教育社会学	主编	澳大利亚国立大学　L. J. 萨哈(L J Saha)教授
女性与教育	主编	澳大利亚墨尔本大学教育研究院 G. 拉可姆斯基(G Lakomski)教授
教育史	主编	瑞典斯德哥尔摩大学国际教育研究所 S. 马克隆德(S Marklund)教授
教育心理学	主编	比利时卢汶大学教育心理学和教育技术中心 E. 德·科尔特(E De Corte)教授
人的发展	主编	德国马克斯·普朗克心理学研究所主任 F. E. 韦纳特(F E Weinert)教授
特殊需要儿童教育	主编	美国坦普尔大学教育研究中心　M. C. 王(M C Wang)教授
学前教育	主编	美国伊利诺伊大学初级教育和儿童早期教育中心主任 L. G. 卡茨(L G Katz)教授
成人教育(上、下)	主编	荷兰图文特大学　A. 图季曼(A Tuijnman)教授
职业技术教育	主编	英国爱丁堡大学　K. 金(K King)教授
各国(地区)教育制度(上、下)	主编	德国汉堡大学　T. N. 波斯尔斯韦特(T N Postlethwaite)教授
比较教育与国际教育	主编	美国匹兹堡大学教育学院　D. 亚当斯(D Adams)教授
课程	主编	以色列特拉维夫大学　A. 莱维(A Lewy)教授
教育技术	主编	荷兰图文特大学　T. 普洛波(T Plomp)教授 美国锡拉丘兹大学教育学院　D. P. 埃利(D P Ely)教授
教学	主编	美国南加州大学　L. W. 安德森(L W Anderson)教授
教师教育	主编	美国南加州大学　L. W. 安德森(L W Anderson)教授
教育研究方法(上、下)	主编	澳大利亚富林德斯大学　J. P. 基夫斯(J P Keeves)教授
教育经济学	主编	美国斯坦福大学　M. 卡诺伊(M Carnoy)教授 美国斯坦福大学　H. M. 莱文(H M Levin)教授

《教育大百科全书》
《学前教育》翻译、译审及编辑工作人员

翻译及译审人员

刘　焱　左晓静　刘峰峰　孙红芬　朱琳琳　陈　辉　袁忠英

编辑人员

卢　旭　任志林　任建成　刘　平　刘江华　刘春卉　吴兆理

宋建勋　宋艳先　张红芳　张金花　张渝佳　李　红　李　玲

李远毅　李智勇　周安平　杨　萍　杨光明　郑持军　秦　路

黄　璜　曾　艳　程　晋　程　鹏　蓝　菊　满福玺　廖　伟

熊远梅